JN012980

90秒
スタディ

ですぐわかる！

日本史

速習講義

「スタディサプリ」社会科講師
伊藤賀一

PHP

はじめに

　日本史の世界にようこそ！　「苦手意識を克服したい」「忘れちゃったので学び直したい」「世界史選択だったので日本史を学びたい」「理系だったから文系もやりたい」「受験や資格試験に役立てたい」などなど、さまざまな理由で本書を手に取られていることと思います。

　本書は、**ざっくりとスピーディに読める一般書**ですから、特に時間のないビジネスパーソンや子育て中のママ・パパ、眠すぎる学生諸君にピッタリ！　早速内容に入りたいところですが、ここで意外と大事な話を一つ。

　日本史って、現在、**学校現場でどんな扱いになっている**かご存じですか？　普段そんなこと意識されていないでしょうから、この機会に整理しておきましょう（これも学びですから！）。

　まず、皆さんご存じの通り、**英語、数学、国語、理科、社会**という5「**教科**」がありますね。小・中学校の社会科には、**地理・歴史・公民**という3「**科目**」があり、歴史の中に、世界史と日本史の要素が入っています。しかし、なんと高校に社会科という教科はなく、**地理、世界史、日本史**の「**地歴科**」と、**現代社会、倫理、政治・経済**の「**公民科**」なんです。すなわち、地歴3「**科目**」と公民3「**科目**」を合わせ、社会科には、6「**科目**」もあるのです。

　そのうち必修科目は、「地歴科」が世界史＋地理か日本史のいずれか。**世界史は必修なのに、地理や日本史は必修ではありません。**「公民科」は現代社会1つか、倫理＋政治・経済2つのいずれかです（普通一つで済む前者を選びますよね……）。ということは、高校で地理を選択した場合は日本史を、日本史を選択した場合は地理を一切学ばないということになります。

　これはよくないということで、**2022年度から大改革が行われる**ことになりました。「**地歴科**」は、必修の**地理総合、歴史総合**と、選択の**地理探求、世界史探求、日本史探求**に分かれることになりました。「公民科」は、必修が**公共**（現代社会の後継）で、選択が**倫理、政治・経済**。

　新たに登場した**歴史総合は、世界史と日本史の近現代を融合させたもの**

ですが、特徴の一つが「日本の視点から見た世界」です。**あくまでも日本の近現代史がメインの新科目なのです。**

ということで、2022年度からは、高校で「理論的な系統地理（＝地理総合）」と、「日本・世界の近現代史（＝歴史総合）」と、「社会の中で主体的に行動する知識と方法（＝公共）」という3科目が必修となります。

さて、皆さんお気づきになったでしょうか？　義務教育の小・中学校に続き、**高校でも地理・歴史・公民すべてを必ず学ぶようになる、**ということなんです！

これからは、そういう時代なのです。「授業は最後駆け足でした」「世界史選択ですから」「理系ですから」といった逃げは、もはや通用しません。**今後の世代は、皆、社会科全般の教養をまんべんなく身につけてくる**のです。じっとしてる場合ではないというか……。

とまあ、さんざん煽っていますが、せっかく数ある書籍の中から、本書を手に取って頂いたのです。よい出逢いにしたいと思います。

できるだけ貴重なお時間を奪わず、重要事項を効率よく学んで頂くことが自分の使命。編集担当の鈴木隆さんと二人三脚で、色んな工夫を凝らしたつもりです。どうか、最後までお付き合いください。

さあ、ページをめくって、テンション上げていきましょう！

2020年9月

伊藤賀一

「90秒スタディ」ですぐわかる！ 日本史速習講義　もくじ

第1章　原 始 ─文字のない時代─

第2章　古 代 ─皇室と貴族の時代─

第3章 中世 ─公武二元支配の時代─

第4章 近世 —武家による天下統一の時代—

第5章 近代 —"脱亜入欧"の時代—

第6章 現代 ─戦後と冷戦後─

写真:立松昌宏

装幀:小口翔平+加瀬梓(tobufune)

本文デザイン:平山みな美

本文図版制作:株式会社ウエイド

日本史の効果的な勉強とは?
点の知識を線にして「面の理解」に

◇歴史を学ぶことは役に立つ── AI・IoT の時代だからこそ──

　それなりの年齢になった人が「歴史を学ぶ」ということは、「歴史を知る」だけでは済みません。幼い子どもが、ある鉄道路線の全駅を単に丸暗記しているのとは違います。

　出来事や人物について解釈し、熟考することで、自身の判断力・思考力を高めていくのです。それにより、「相手が何を言っているのか、書いているのか」を読み取る**読解力**が伸びます。そして、「物事をわかりやすく人に話そうとする、書こうとする」ことで、**表現力**も身につきます。

　AI〔人工知能〕、IoT〔モノのインターネット〕の時代になり、今ある仕事はなくなるのでは、と言われていますが、これらの要素を身につけていれば、これから伸びていく仕事や、新たに生まれる仕事に**柔軟に対応**できるはず。そのためにも、歴史を学ぶことは重要で、実際に役に立つのです。

◇点の知識を線にして面の理解に──理解を伴う暗記に──

　いま書いたように、歴史は出来事や人物名をただ暗記するだけのものではありません。一つひとつの事柄や人物がつながり合って成立したストーリーを読み解き、どう表現するか、という科目です。

　歴史は、現代に近づくほど複雑になっていきます。それは、社会構造が複雑化したこともありますが、「史料」「資料」が大量に残っており、いつ(When)、どこで(Where)、誰が(Who)、何を(What)、なぜ(Why)、どのように(How)行ったのかを、さまざまな情報から「仕入れてしまう」からです。たとえば、受験のヤマでもある「近現代」は特に、ストーリー性がとても重要になります。

そこで僕が提唱（ていしょう）しているのは、**点の知識を線にして「面の理解」にすること**です。バラバラの出来事や人物名をただ丸暗記する「**点**」で覚える学びを、年代や就任（しゅうにん）順を意識した時系列の**タテ**の「**線**」、同時期に何が起き誰がいたかを並べる**ヨコ**の「**線**」にします。それらを掛け合わせて全体を「**面**」にあたるストーリーで捉えた学び（＝理解を伴（ともな）う暗記）に変えると、前後のつながりや、関わってくる事柄、人物も混乱することなく覚えることができるのです。

◇「覚える」＆「忘れない」が大事──覚えていなければ何もできない──

　歴史は「覚える」ことも重要ですが、「忘れない」ことも同じくらい大事です。穴の開いたバケツにどんどん水を入れていっても、むなしいですよね。穴を閉じながら入れていく、という意識が必要です。いま、「すぐこういう話になるから嫌なんだ」と思われたかもしれません。しかし、そもそも社会科というのは「知識を整理して覚えられているか」を試す要素の強い教科ですから、そこは割り切ってください。「**覚える**」×「**忘れない**」＝「**覚えている**」という力は、実社会で必要ないものでしょうか？

　仕事ではクライアントの顔や性格、業務の進捗（しんちょく）や過去の失敗を覚え、家庭では配偶者や子どもの誕生日を覚え、俳優はセリフを、音楽家はメロディーを覚えているはずです。とても重要な要素ですよね。もちろん、ただ「覚えている」だけでは意味がないですが、覚えていなければ何もできません。得意になりたい、苦手を克服したいなら、覚悟を決めてください。

◇頭の中を倉庫から図書館に──すぐアウトプットできるか──

　点の知識をタテやヨコの線にし、それを掛け合わせて**面の理解**をする、ということで、「**覚えている**」という状態ができたとします。しかし、それをどこに収納するか。頭の中に適当に放り込んでおくと、それはただの雑多な倉庫や物置です。すぐ取り出せますか？

　よく「知識なんて意味ない」という人は「スマホで調べられるじゃないか」とおっしゃいます。しかし、人の話を聞き、わかりやすく話そうとした時、いちいち検索しながら話しますか？　それって、自動車を運転しな

から教本を読むのと似ていて、実質不可能なことでしょう。だから私たちは、頭の中に「**理解を伴う暗記**」を経た「**覚えている**」知識をインプットし、それを**すぐアウトプットできるように整理**しておく必要があります。頭の中を**倉庫**ではなく、**インデックス付きの図書館**にするのです。そのためにも、**いつ（When）、どこで（Where）、誰が（Who）、何を（What）、なぜ（Why）、どのように（How）という５Ｗ１Ｈ**は大事なのです。

◇いつ（When）──覚える価値のある年代暗記──

　僕は、職業柄、物事や人をタテの時系列順に覚えています。これは普段の仕事や、人間関係にとても役立っています。たとえば「スタディサプリは８年で８回キックオフパーティを行ったが、タテにどの順で（**いつ＝When**）どこで開催されそこで誰が何をしたか、なぜそうなったか、その結果どのように変わったか」を覚えています。そして、ヨコの**同時期性**も

🌑 旧国名（68カ国）と畿内・七道

── 畿内・七道の境
⋯⋯ 国界

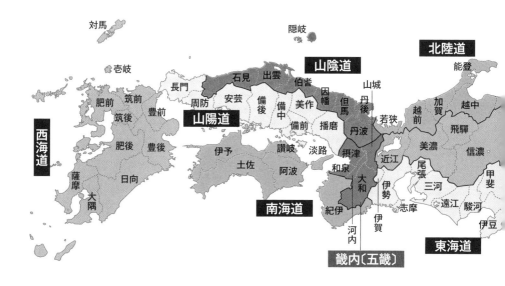

意識しているので、「その年度に何があったのか」も覚えています。ただ、優先順位としてはタテの時系列です。これを覚えているからヨコも出てきます。なので、日本史の勉強では、**本当に覚える価値のある重要年代は覚えたほうがいい**のです。もちろん、時系列順の時代・文化の名称や、天皇・執権・将軍・内閣などの就任順も大事ですが、まずは**年代**です。巻末に練りに練ってピックアップした**年代222**をすべて掲載しました。

◇どこ（Where）──見る価値のある地図──

　重要年代などを覚え、いつ（When）を意識するようになるということは、「**自分が今どこに立っているか**」という理解なのですが、それは、**どこ（Where）**という言葉そのものですね。本書では、旧国名図を以下に載せ、本文内の図版でも適宜示すようにしました。いつでもこのページの地図に戻り、確認してください。

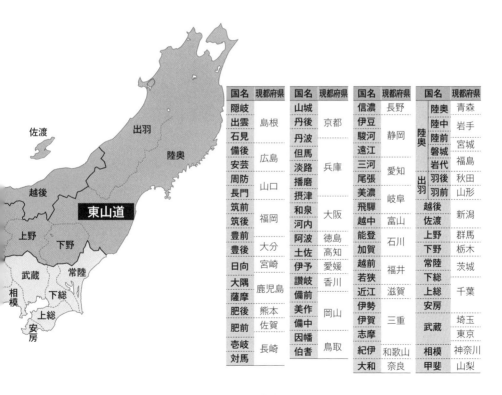

国名	現都府県
隠岐	
出雲	島根
石見	
備後	広島
安芸	
周防	山口
長門	
筑前	福岡
筑後	
豊前	大分
豊後	
日向	宮崎
大隅	鹿児島
薩摩	
肥後	熊本
肥前	佐賀
壱岐	長崎
対馬	

国名	現都府県
山城	京都
丹後	
丹波	
但馬	兵庫
淡路	
播磨	
摂津	
和泉	大阪
河内	
阿波	徳島
土佐	高知
伊予	愛媛
讃岐	香川
備前	
美作	岡山
備中	
因幡	鳥取
伯耆	

国名	現都府県
信濃	長野
伊豆	
駿河	静岡
遠江	
三河	愛知
尾張	
美濃	岐阜
飛騨	
越中	富山
能登	石川
加賀	
越前	福井
若狭	
近江	滋賀
伊勢	三重
伊賀	
志摩	
紀伊	和歌山
大和	奈良

国名		現都府県
陸奥	陸奥	青森
	陸中	岩手
	陸前	宮城
	磐城	福島
	岩代	
出羽	羽後	秋田
	羽前	山形
越後		新潟
佐渡		
上野		群馬
下野		栃木
常陸		茨城
下総		千葉
上総		
安房		
武蔵		埼玉
		東京
相模		神奈川
甲斐		山梨

◇誰が（Who）と、何を（What）は基本──歴史は人がつむぐもの──

　誰が（Who）はものすごく大事です。なぜなら、**あくまでも歴史は人が
つむぐもの**だからです。そして、人はただ生きているだけでは（余程の身
分でもないかぎり）歴史は動かないので、**何を（What）**したか、というこ
とも。基本的に、「**誰が、何をしたか**」。これを覚えるのが歴史の勉強です。
なので、僕でもそうですが、なぜ日本史を仕事にするほど得意になったの
かというと、幼い頃に、伝記本や伝記まんがを読み、その人物や出身地に
興味を持ち、生きた時代背景に興味を持ち、実行したことに興味を持ち、
じっとできなくなって、近くの図書館や博物館に行き、さらに国内旅行し
て史跡を訪ねて……などして、歴史全体への興味が広がったことが大きい
と思います。

◇なぜ（Why）と、どのように（How）が大事──なぜの連続が歴史──

「流れが大事」とあまりにも大きな声で先生方や著者たちが言うので、歴
史を理解するのは凄く難しいのではないか？　と思われがちなのですが、
それは「**原因と結果つきの前後関係**」にすぎません。誰かが何かの出来事
を起こす時には、**原因・理由（なぜ＝Why）**が必ずあるはず。そしてその
結果（どのように＝How）があるからこそ、つぎの原因・理由が出てくる
のです。学ぶ時に「流れ」という言葉に必要以上に恐れを感じることはあ
りませんよ。

　以上、いつ（When）、どこで（Where）、誰が（Who）、何を（What）、
なぜ（Why）、どのように（How）という「5W1H」の視点が大事、とい
うことを述べてきました。本書は前置きが長いのですが、あと2つあるの
で、もう少しだけ我慢してください。

◇最低限のルールを知る──日本史のお作法──

　野球でもサッカーでも、ボディビルでも競技ダンスでも、**ルールを知っ**

ていたほうが圧倒的に楽しめます。掛け声だって、いいタイミングでかけられますしね。2019年のラグビーワールドカップがそうだったように、大して知らなくても人は本気の人を見れば感動しますが、ルールを知るとその深さも長さも変わってくる感じです。さて日本史の場合、「西暦」「世紀」「元号」がこのルールに当たります。

「西暦」とは、キリスト教世界で、神の子**イエスが誕生した年を仮に紀元01年とした、年間365日の太陽暦**のことです。日本では、明治初期まで太陽太陰暦〔旧暦〕を用いていましたが、それ以降現在に至るまで、欧米の国際基準（イスラーム暦は旧暦ですが）に合わせ、こちらを使用しています。たとえば本書の初版が出版されたのは西暦2020年9月。以後、わざわざ先頭に西暦〜年などとつけなくても大丈夫です。

「世紀」とは、イエスの生誕を仮に**紀元**（A.D. →ラテン語「主の年において」）01年とした、「**西暦**」における**100年刻みの区分**です。もちろんそれまでも世界は存在しましたから、01年以前を**紀元前**（B.C. →英語「Before Christ」）としています。たとえば現在は21世紀。大事なのは、**紀元前・紀元ともに01〜100年を「1世紀」扱い**とするので、感覚としては1つぶんズレること。794年の平安京遷都は7世紀じゃなく8世紀になります。もし迷ったら、「今が2020年代で……21世紀だ」と戻ればいいです。

「元号」とは、中国から伝わり、日本だけに残る**独自年号**です。最初は645年からの**大化**で、最新は2019年からの**令和**です。明治時代以降、「**一世一元の制**」が用いられ、天皇の代替わりごとに**大正→昭和→平成→令和**と改元されてきました。1979年、第一次大平正芳内閣の**元号法**で法制化されていますから、現在の天皇（**今上帝**）が退位されるまで令和が続きます。崩御された後には諡されますので、現在の上皇や天皇を「平成上皇」「令和天皇」とお呼びすることはありません。

　以上のような**3つのルール**を知っておくと、理解が早くなります。

◇**日本史理解の裏ワザ**──好きになってもらうのが一番とはいえ……──

　最後に、理解が進む2つの裏ワザを披露しておきます。まず、「**知識にランクをつけること**」です。出来事や人物の重要度は一様ではありませ

ん。本書では、最重要のものに**色太文字**、次に**黒太文字**、他はナミ字にしています。僕は授業やテキストも必ず**知識を三段階に分けています**。メリハリをつけないと、どうしても覚えにくいものですから。

　次に、「**小説や舞台、TVや映画、漫画やゲームをあまり否定しないこと**」です。史実に忠実であることを求めすぎると、歴史は急につまらなくなります。ご本人が大学院まで進んで、研究者になるなら結構ですが、一般人として楽しむなら、ある程度のことは目をつぶるといいと思います。逆に、少し詳しくなったら、「あ、ここがちょっと違うな」「お、これは時代考証しっかりしてる」という楽しみ方もあります。それに、正直に言うと、「どうせその時代に行き歴史上の人物本人に会うことはできない」のです。また、来年にも新説が出て、従来の説が引っくり返されてしまうかもしれませんし……。

　僕はどう考えてるかというと、「正しいに越したことはない」、でも、歴史には「**僕らが何を考えてどうしようが、実際に起きてしまった事実は変わらない**」という**絶対的な安心感**があるのです。過去の話ですからね。

　とはいえ、そんなあやふやな知識なら、いらない、ということはなく、**歴史は世界中で最低限の教養**とされていますし、たとえば、外国の人と話す時には、向こうは当然日本のことばかり聞いてきます。答えられなきゃ国際人もへったくれもない。超有名アニメのキャラクターやストーリーを聞いたことがない、と言ったら誰とも話が進まないのと同じようなもの、なのが歴史上の人物ですし、「正しいことを研究している人に敬意を払い」つつ、「ある程度無責任に楽しむ」のがいいのではないでしょうか？

　本書には、**日本史を楽しむための土台を、スピーディに覚えていくための仕掛け**がたくさんあります。ぜひ最後まで読んで頂き、少しでも「もっと自分でも学びたいな」と思っていただければ著者としては十分、十二分に嬉しいです。

　以上、長いプロローグでしたが……、では、始めましょう！

第1章

原 始

文字のない
時代

原始の日本列島

原始とは「文字のない時代」。
日本史では旧石器時代〜弥生時代を指します。

　日本史は、**原始→古代→中世→近世→近代→現代**の**6**つに区分されます。原始は世界史では先史と書かれますが、いずれにせよ**「文字のない時代」**です。モジを追う歴史学ではなく、モノを追う**考古学**の枠組み。ですから、**どんなモノを使っていたか**、でさらに細かく時代が区分されます。**打製石器**を使った**旧石器時代**、**磨製石器**を併用し**縄文土器**を作った**縄文時代**、さらに青銅器・鉄器すなわち**金属器**も併用し**弥生土器**を作った**弥生時代**です。この3時代それぞれで展開される、**時代名を冠にした3つの文化**は、並列して整理することができます。

図1-1　旧石器・縄文・弥生文化の大きな特徴

	キーワード	経済段階	食糧入手
旧石器文化 （旧石器時代）	世界共通の文化	**採集経済段階**	狩猟・漁労・採集
縄文文化 （新石器時代）	温暖化	**採集経済段階**	狩猟・**漁労・採集**
弥生文化 （金石併用時代）	新モンゴロイドの渡来	**生産経済段階**	**農耕**・牧畜の開始

　並列のキーワードは、**どの単位で暮らしどの経済段階だったか**、ということ。旧石器文化（？〜約1万5千年前）は、農耕・牧畜などの生産をしない**採集 経済段階**の文化です。打製石器〔旧石器〕を手にした人々は、**ムレ〔群〕**になり食べ物を探し、一定地域を**移住**しながら暮らします。**縄文文化**（約1万5千年前〜紀元前5世紀ごろ？）は、やはり**採集経済段階**の文化ですが、気候が温暖になり食生活が多様化し、土器も現れます。打製石器に加え磨製石器〔新石器〕も手にした人々は、地域によっては豊かになったため、**ムラ〔集落〕**を形成し**定住**する人が増えてきます。

　弥生文化（紀元前5世紀ごろ〜紀元3世紀ごろ？）は、稲作やブタの飼育が始まる**生産経済段階**の文化です。これにより、**貧富の差や身分の差**が発生します。石器に加え金属器〔青銅器・鉄器〕も手にして稲作のために定住した人々は、ムラの集合体である**クニ〔小国〕**をつくることもありました。

暮らし	道具	土器	社会
ムレ〔群〕で**移住**	**打製石器〔旧石器〕**	なし	平等社会
ムラ〔集落〕に**定住も**	打製石器＋**磨製石器〔新石器〕**	縄文土器	平等社会
ムラ〔集落〕に**定住**	石器＋**金属器〔青銅器・鉄器〕**	弥生土器	**不平等社会**

90秒
スタディ！

旧石器・
縄文時代

旧石器・縄文文化

食べ物を探して
取ってこい！

◇旧石器文化──「ムレ」で移住する世界共通の採集経済──

　直立二足歩行し、空いた両手で道具を使う最古のヒトは、約700万年前にアフリカで出現した猿人。日本では、原人・旧人どころか、現代と同じ新人の化石しか発見されていません。

　約260万年前〜1万年前にかけての更新世は、「氷河時代」とも呼ばれる地質学上の年代で、少し寒い。雨や雪が地上で氷河として固まり、海面が低くなっていたので、日本は、ユーラシア大陸と陸続きの時もありました。

　大陸から渡ってきた人々は、石を打ち欠いた打製石器〔旧石器〕を用い、ナウマンゾウやオオツノジカなど大型動物の狩猟、魚や貝の漁労、植物の採取を行う採集経済段階の暮らしをしていました（＝旧石器文化）。テント式住居・岩陰・洞穴などを仮住まいにし、ムレ〔群〕で食べ物を探し移住します。これが人類最初の旧石器時代で、日本史と世界史で呼称が共通しています。世界中どこでも行われた、最低限の暮らしですからね。

◇縄文文化──「ムラ」に定住する採集経済──

　更新世の末期から気候が温暖化します。氷河が溶け海面が上昇し日本列島が形成され、約1万年前には現代と同じ完新世になりました。約1万5千年前〜紀元前5世紀ごろ？の、農耕・牧畜を伴わない日本独自の新石器時代を縄文時代といいます。

　人々は、打製石器〔旧石器〕に加え、研磨した磨製石器〔新石器〕も使うようになります。弓矢によるイノシシやニホンシカなど中小動物の狩

猟、骨角器による魚や貝の**漁労**、豊かになった森林で植物の**採取**を行い、食糧を貯蔵穴に保存して**縄文土器**で煮炊きする、比較的安定した**採集経済段階**の暮らしをしていました（＝縄文文化）。ゴミ捨て場でもあった貝塚を発掘すると、当時の様子がうかがえます。地域によっては竪穴住居で**ムラ**〔集落〕をつくり**定住**しますが、移住する人々もいました。簡単な栽培を行う場合もありましたし、要するに「食べていければ何でもいい」のです。

◇平等社会――貧富の差・身分の差がない――

　旧石器時代も縄文時代も、採集経済段階で食糧生産をしていないため、余剰生産物が発生せず貧富の差がつきにくい**平等社会**でした。ムレやムラの統率者はいても、支配者はいないと考えられています。

　しかし、文献史料が残っていないのに、なぜそれが証明できるのでしょうか？　答えは発掘で明らかになる「住居と墓」です。当時は、全員が同じような形態・規模の住居に住み、似たような埋葬状態だったのです。

図1-2　旧石器・縄文文化の特徴

	旧石器文化（旧石器時代）	縄文文化（新石器時代）
キーワード	世界中で共通の文化	温暖化
地質年代	**更新世**（氷河時代）	**完新世**
動物相	大型動物	中小動物
植物相	針葉樹林	落葉広葉樹林・照葉樹林
経済段階	**採集経済段階**	**採集経済段階**
食糧入手	**狩猟**・漁労・採集	狩猟・**漁労・採集**
暮らし	**ムレ**〔群〕で**移住**	**ムラ**〔集落〕に**定住**
道具	**打製石器**〔旧石器〕	打製＋**磨製石器**〔新石器〕
土器	なし	**縄文土器**
社会	平等社会	平等社会

弥生文化

食べ物を作り出す!

◇**食糧生産革命**──「市民革命」「産業革命」を上回る転換点──

　紀元前5世紀〜紀元3世紀ごろ？の**弥生時代**は、人類史上最大の転換点とされる「**食糧生産革命**」が、日本でも起きた時代です。「食べ物を探して取ってくる」から「食べ物を作り出す」という発想にチェンジ!

◇**弥生文化**──「ムラ」に定住する生産経済──

　中国における紀元前8〜前3世紀後半の「春秋・戦国時代」に、大陸や朝鮮半島から戦乱を逃れ渡来した人々が、**金属器**〔青銅器・鉄器〕を伝えます。弥生時代は、打製石器〔旧石器〕や磨製石器〔新石器〕も併用し続けるので、**金石併用時代**です。日本には、青銅器と鉄器が同時に伝わったことから、世界史で習う青銅器時代はありません。

　また、従来の**狩猟・漁労・採集と並行**して、**農耕・牧畜**が始まります。狩猟民族の縄文人（ガッチリ体格に濃い顔立ちの「古モンゴロイド」）と、新たに渡来した農耕民族の弥生人（ヒョロ体格に薄い顔立ちの「新モンゴロイド」）が、交流の中で混血を進めつつ、竪穴住居や平地式住居で**ムラ**〔集落〕をつくり**定住**し、稲作やブタの飼育を始めて**生産経済段階**の暮らしを始めます（＝弥生文化）。

　木製農具で農耕を行い、青銅器を飾り、恵みに感謝し、鉄器を工具・武具に加工するようになります。収穫後は高床倉庫に保管し、煮炊き・蒸し・貯蔵・盛りつけには、縄文土器に比べ高温で焼成する**弥生土器**が活躍します。そして、縄文時代にはなかった織物も織るようになりました。

◇不平等社会──貧富の差・身分の差が発生──

　社会保障という発想がなく、すべてが自己責任の弥生時代では、「食べていけなければどうにもならない＝死」ですから、コメの余剰や金属器、土地や水の「なし」「あり」が生み出した**貧富の差**は、**身分の差**に直結します。

　また、稲作には、畔・水路の建設や田植え・稲刈り・春秋の農耕儀礼など、ムラ〔集落〕の老若男女総出の共同作業が必要です。そのため、ムラの全てを差配する、従来の各部門（狩猟・漁労・採集・土器づくり・呪術）の統率者を超えた**ムラオサ**〔支配者〕が登場します。弥生時代は**不平等社会**の始まりだったのです。

　当時、住居の規模は変わりませんが、埋葬状態を見れば身分の差は明らかです。特定の墓だけに装飾品や武器などの副葬品が見られたり、共同墓地の外に造られる「墳丘墓」という巨大な墓が出現したりするからです。これは、次の時代になると「古墳」と呼ばれるようになります。

図1-3　弥生文化の特徴

	弥生文化（金石併用時代）
キーワード	大陸・半島から新モンゴロイドが渡来
経済段階	**「食糧生産革命」**が起き**生産経済段階へ**
食糧入手	**農耕**・牧畜も開始
暮らし	ムラ〔集落〕に**定住**
道　具	打製・磨製石器＋**金属器〔青銅器・鉄器〕**
土　器	**弥生土器**
社　会	**貧富の差・身分の差が発生し不平等社会へ**

中国の歴史書による「倭」

「倭」国内の各勢力は、中国の皇帝に朝貢し、
王として冊封されました。

中国の歴史書に出てくる日本列島は、当初“おチビさん”という意味で「倭（わ）」とされました。トランプでいうジョーカー的な唯一無二の「**皇帝**」が、東夷（とうい）・西戎（せいじゅう）・南蛮（なんばん）・北狄（ほくてき）と表記される野蛮な周辺地域の支配者を、絵札（えふだ）（ＫＱＪ）的な「**王**」に任命する仕組みを**冊封体制**（さくほう）といいます。皇帝は天子（てんし）とも呼ばれ、天から天命（てんめい）を受け、天下を収めます。周囲の王たちから朝貢（ちょうこう）される皇帝がいる中国を、その名の通り天下の中心と考える発想が**華夷思想**（かい）です。「倭」が８世紀につけた国号「日本」は、中国から見て「太陽（日）の昇（のぼ）る地点（本)」という意味でした。

図1-4 中国の歴史書に見る状況

	どの時期の倭？	倭の状況
『漢書』地理志	紀元前１世紀	**小国の分立** 中国皇帝へ朝貢 王として**冊封**される
『後漢書』東夷伝	１～２世紀	**小国の分立** 中国皇帝へ朝貢 王として**冊封**される
『魏志』倭人伝	３世紀	**地域連合国家の成立** 中国皇帝へ朝貢 王として**冊封**される

第１章・原始

第２章・古代

第３章・中世

第４章・近世

第５章・近代

第６章・現代

弥生時代中期〜後期の「倭」の様子がわかる中国の歴史書は３つです。『漢書』地理志が「紀元前１世紀の倭」、『後漢書』東夷伝が「１〜２世紀の倭」、『魏志』倭人伝が「３世紀の倭」をそれぞれ記しています。

　余剰生産物・土地・水利権・金属器など「資産の奪い合い」から発生したムラ〔集落〕どうしの戦いにより、各地に複数のムラを支配下に置く**クニ**〔小国〕が成立します。紀元前１世紀〜紀元２世紀にかけ、いくつかのクニの王が、**前漢**や**後漢**の皇帝に朝貢しました。

　そして、２世紀後半の「倭国大乱」を経て、３世紀には複数のクニの連合体である**地域連合国家**も成立します。邪馬台国というクニの王であり邪馬台国連合全体の大王でもある**卑弥呼**もまた、魏の皇帝に朝貢しました。

　このように、**中国皇帝の後ろ盾や先進文物を求めて冊封される王たち**がいたからこそ、当時、文字のなかった倭の様子を知ることができるのです。

中国の状況	朝鮮の状況	追記
前漢による統一	**楽浪郡**など４郡	**倭人**の記事が初登場
後漢による統一		**奴国王**が光武帝に朝貢 倭国王帥升らが安帝に朝貢 **２世紀後半に"倭国大乱"**
三国時代	帯方郡の分立 高句麗の拡大 馬韓・弁韓・辰韓	**邪馬台国連合** 卑弥呼「親魏倭王」 邪馬台国の位置は不明

小国の分立

小国の王は
皇帝に冊封された！

◇『漢書』地理志——紀元前1世紀の倭——

　中国では、戦国の七雄（秦・斉・燕・楚・韓・魏・趙）の一つ秦王の政が、**紀元前221年に初めて中国を統一**して**始皇帝**と名乗り、春秋・戦国時代を終わらせます。この時期を取り上げた漫画『達人伝』『キングダム』は人気がありますね。そして、わずか15年で滅亡した秦の後、名門出身の項羽を破った農民出身の**劉邦**が、前202年に漢王朝（**前漢**）を建て**高祖**と名乗り皇帝となります。こちらも漫画『項羽と劉邦』『劉邦』などで有名です。その後、最盛期の**武帝**の治世では、大規模な対外戦争により、朝鮮半島北部に楽浪郡はじめ4郡を置くなど、領土は広がりました。

　前漢の正史として編纂されたのが『漢書』です。「**夫れ楽浪海中に倭人有り、分れて百余国と為る。歳時を以て来り献見すと云ふ**」と短いですが、日本が初登場する貴重な史料。現代語訳は「楽浪郡の海の向こうに倭人がいて、百余りの小国に分かれている。彼らは定期的に貢物を持ち挨拶に来るということだ」です。**紀元前1世紀、倭の小国の王たちが、楽浪郡を通じて皇帝の後ろ盾や先進文物を求め、冊封された**ことが分かります。

◇『後漢書』東夷伝——1〜2世紀の倭——

　1世紀初めの中国では、武帝の没後に側近が実権を争い、皇后の親族の**王莽**が皇帝を廃して新を建てました。そして、わずか15年で滅亡した新の後、漢の一族だった**劉秀**が後漢を復興し、**光武帝**と名乗り皇帝となります。

　後漢の正史として編纂されたのが『後漢書』です。記述は3つに分かれ

第1章・原始

第2章・古代

第3章・中世

第4章・近世

第5章・近代

第6章・現代

ていますが、ここでは現代語訳のみを載せましょう。

まず「**57年**、倭の**奴国**が朝貢してきた。使者は自らを重臣だと言った。奴国は倭の最も南方にある。光武帝はこの使者に印綬を授けた」です。九州にある奴国という小国の王が、光武帝に朝貢し**冊封**されたと書かれています。その証に印と組紐を与えられ、これが江戸時代に福岡県志賀島で発見された「**漢委奴国王**」の金印ではないか、とも言われています。

次に「107年、倭の国王帥升らが、奴隷160人を献上し、安帝への拝謁を願い出た」です。倭のどこかの小国の王である帥升が、安帝に朝貢し**冊封**されたと書かれています。

最後に「桓帝と霊帝の時代、倭は大きく乱れ、小国は次々に互いを攻め合い、長い間統一する者がいなかった」です。2世紀後半に"**倭国大乱**"となったと書かれています。

以上のように、**1～2世紀の小国の王たちも中国の皇帝に冊封されたの**ですが、**2世紀後半には倭国内で戦乱が収まらなくなっていたのです。**

図1-5 　中国の歴史書に見る「倭」

	『漢書』地理志	『後漢書』東夷伝
時期	紀元前1世紀の倭	1～2世紀の倭
キーワード	100余りの小国に分立	2世紀後半に"倭国大乱"
倭国側	楽浪郡を通じて朝貢	奴国王や帥升らが朝貢
中国側	前漢の皇帝が冊封	後漢の皇帝が冊封

3世紀の東アジア

中国と朝鮮半島の激動

◇激動開始の３世紀──地球の寒冷化──

3世紀は激動開始の世紀です。約1万年前までの氷河時代〔更新世〕に戻るほどではありませんが、9〜10世紀にかけての**寒冷化**が始まったからです。北半球では、北部の人々が暖かい南部へ移ろうとします。ユーラシア大陸西部のヨーロッパでは、4世紀にゲルマン民族などの「民族大移動」がありましたが、シルクロードでつながる大陸東部の東アジアにおいても歴史はパラレルに進行し、複合的・多元的な社会が実現していきます。

特に、3世紀の後漢滅亡から6世紀の隋による統一まで、約350年間の中国は、分裂や戦いを繰り返します。北方民族が華北に南下して新たな文化を生み、押された漢民族が江南に移住し開発を進めるのです。

◇中国の激動──"三国志"の時代──

光武帝の死後、2世紀の中国では、儒学を学び官界に進出した豪族（地方の有力者）と、宦官（去勢された皇帝の側近）や外戚（皇后の一族）の争いが繰り返され、後漢は疲弊していました。

184年に宗教結社を主体とした黄巾の乱が起こると、各地に曹操・劉備・孫権などの軍事集団が割拠、**3世紀**に入り220年に後漢は滅亡して、**魏・呉・蜀の三国時代**となります。漫画やゲームで人気の高い"三国志"の時代ですね。

華北の魏が最も優勢で、内陸部の蜀を滅ぼしますが、まもなく魏の将軍司馬炎が**西晋**を建て、江南の呉を滅ぼして280年に中国を統一します。

◇朝鮮の激動──各民族の動向──

　3世紀の朝鮮は、中国が混乱状態であるからこその活発な動きをしていきます。朝鮮半島の**北西部**には、**楽浪郡**とその南部が分離した**帯方郡**という漢民族の支配地がありました。**北東部**には、中国東北地方に紀元前1世紀におこったツングース系民族の国家である**高句麗**が南下します。

　北から押される朝鮮民族は、当時はまだ**馬韓・弁韓・辰韓**という、それぞれ**小国の連合体**に過ぎず、西から順に半島の**南部に並立**している状態でした。これは、「小国の分立」を経た「地域連合国家の成立」という、当時の倭と同レベルの状態と考えられます。

　日本列島は、中国や朝鮮半島の情勢と切り離して考えるわけにはいきません。中国の皇帝は、朝鮮や倭の小国・地域連合国家の支配者から朝貢を受け、彼らを王として冊封していました。すなわち、当時の中国・朝鮮・倭は「冊封体制」という**東アジアの国際秩序**の内にあったのです。

図1-6　寒冷化による激動開始

	中国	朝鮮半島
キーワード	三国時代	南部に三韓が並立
少し詳しく	**魏・呉・蜀** ※華北の魏が最強	**馬韓・弁韓・辰韓** ※いまだ**小国の連合体**
もっと詳しく	のち晋（西晋） が統一	楽浪郡から**帯方郡**が分立 中国東北部からは**高句麗**

地域連合国家

小国の連合体も中国に冊封される

◇倭の激動——地域連合国家の成立——

朝鮮半島南部において、朝鮮民族が馬韓・弁韓・辰韓という小国の連合体を形成していた**3世紀**。同じ「**東アジアの国際秩序＝冊封体制**」内の日本列島西部において、日本民族もまた同レベルの状態でした。発掘された出土物を見ると、九州北部・瀬戸内・近畿を中心に、それぞれ共通した青銅製祭器を持つ、ゆるやかな文化圏があったようです。

資産をめぐるムラ〔集落〕どうしの戦いにより、クニ〔小国〕が分立した後、小国どうしの争いが起き、**地域連合国家**（＝小国の連合体）が成立することは自然な流れです。中国の歴史書『後漢書』東夷伝に記された、2世紀後半の"倭国大乱"がこの争いを指していると考えられます。

◇『魏志』倭人伝—— 3世紀の倭——

三国時代の中国では、曹丕（曹操の子）が初代皇帝となった華北の魏が最強でした。歴史書『三国志』の『魏書』東夷伝倭人条は、俗に『**魏志**』**倭人伝**とも呼ばれ、習俗・統治制度から内乱・外交政策まで、**3世紀の倭**の様子を、長文で細かく記しています。

記事によると、2世紀後半の"倭国大乱"を経て、**邪馬台国**という小国を中心に約30カ国の**地域連合国家**が成立しました。この「邪馬台国連合」では、邪馬台国の王で巫女の**卑弥呼**が、協議の上で全体の王（"大王"）となり、連合内の小国の王（"小王"）たちを率いています。彼女の呪術による祭政一致で、厳格な身分制度や租税・刑罰制度まであったようです。

この地域連合国家の"大王"卑弥呼ですら、**239 年**、**帯方郡**を通じ魏の皇帝に**朝貢**し、「**親魏倭王**」という称号や金印・鏡などを得て**冊封**を受けていました。邪馬台国の南に狗奴国を中心とする敵対勢力があったことから、皇帝の後ろ盾と先進文物を欲したのです（邪馬台国の位置は、『魏志』倭人伝内の道案内が不正確なことから、近畿説・九州説など諸説あります）。

さて、卑弥呼の死後は男の"大王"が立ちますが、また争乱になってしまい、"小王"たちの協議の結果、卑弥呼の一族だった**壱与**〔**台与**〕という少女を立て、邪馬台国連合は安定します。このように、当時の倭では、いまだ世襲王権ではなく**共立王権の段階**でした。この壱与もまた、266年に晋（西晋）の皇帝に朝貢し、冊封されています。**倭の小国や地域連合国家は、弥生時代を通じて東アジアの国際秩序に組み込まれていたのです。**

その後、約150年にわたり、中国の歴史書から倭に関する記事は消えます。ヤマト政権の統一過程で日本が混乱状態にあり、東晋や五胡十六国などが分立し落ち着かない中国に、朝貢することはなかったようです。

図1-7　『魏志』倭人伝に見る「倭」

	『魏志』倭人伝
時期	**3世紀の倭**
キーワード	**邪馬台国連合**（30 カ国の小国連合）
倭国側	**帯方郡**を通じて朝貢
中国側	**魏**の皇帝が**卑弥呼**を「**親魏倭王**」として**冊封**
少し詳しく	邪馬台国連合は**共立王権段階**
もっと詳しく	卑弥呼の後継の**壱与**も晋〔西晋〕に朝貢

第1章 まとめ

原始＝文字のない時代
旧石器→縄文→弥生時代

〈まとめ〉
1 ## 旧石器文化
採集経済段階、移住生活、打製石器〔旧石器〕

〈まとめ〉
2 ## 縄文文化
採集経済段階、定住生活、磨製石器〔新石器〕

〈まとめ〉
3 ## 弥生文化
生産経済段階、定住生活、青銅器・鉄器〔金属器〕

〈まとめ〉
4 ## 小国の分立（弥生時代中期）
中国の皇帝に王として冊封される

〈まとめ〉
5 ## 地域連合国家（弥生時代後期）
中国の皇帝に（大）王として冊封される

第2章

古代

皇室と貴族の
時代

中央集権国家「日本」の成立

古墳時代を通じて、
地方分権の「倭」から中央集権の「日本」になります。

　大和国（現在の奈良県）を中心とする畿内に発生した、大王を中心とする有力豪族連合がヤマト政権です。彼らが倭国統一を進める3世紀後半？〜7世紀が古墳時代で、前期・中期・後期・終末期に分かれ、7世紀にあたる終末期を政治史的には飛鳥時代ともいいます。

　ヤマト政権という地方分権体制の「大王」位を世襲する皇室が成立し、飛鳥時代に大王は絶対的存在の「天皇」となります。また、小国の王である豪族のうち、中央の有力豪族は官僚化して世襲の「貴族」となり、天皇の「宮」に隣接する「京」という首都に暮らすようになります。

図2-1　独自の中央集権体制の確立へ

	時期	倭の状況
古墳時代前期	3世紀後半？〜 4世紀後半	ヤマト政権の成立と拡大 ※畿内の有力豪族連合
古墳時代中期	4世紀末〜 5世紀	ヤマト政権の強大化 ※畿内に巨大前方後円墳
古墳時代後期	6世紀	ヤマト政権の動揺 ※蘇我氏・物部氏の台頭
飛鳥時代 〔古墳時代終末期〕	7世紀	中央集権国家の確立 ※準備→目標設定→確立

第1章・原始

第2章・古代

第3章・中世

第4章・近世

第5章・近代

第6章・現代

　ヤマト政権は、「遅くとも4世紀半ばまでに一定地域を統一した」とされ、**古代**に突入する古墳時代は開始がはっきりしません。これは、弥生時代末期の「**邪馬台国論争**」が決着しないからです。**近畿説**を採れば、**邪馬台国連合＝ヤマト政権**なので3世紀前半から古墳時代。**九州説**を採れば、**邪馬台国連合≠ヤマト政権**なので、3世紀後半から古墳時代となります。

　ヤマト政権は、5世紀までに「**倭**」の統一を進め、大王は巨大な**前方後円墳**を築きます。対外的には中国の南朝に朝貢して冊封され、倭王の地位も確立しました。しかし、6世紀末に南北朝が統一され、中国に**隋・唐**という王朝が現れると、**冊封体制から離れた独自の中央集権体制を確立**する必要性が出てきます。

　7世紀の飛鳥時代に、**厩戸皇子〔聖徳太子〕**がその準備をし、**中大兄皇子（のち天智天皇）**が具体的目標を立て、**天武・持統天皇が完成**させたのが、中央集権国家「**日本**」でした。

中国の状況	朝鮮の状況	倭の外交
北に**五胡十六国** 南に**東晋**	北に**高句麗** 南に**百済・新羅・加耶**	"空白の4世紀"
南北朝時代	高句麗の強大化 百済の弱体化	**高句麗遠征に失敗** 「**倭の五王**」**南朝に朝貢**
隋が統一 （589年）	**加耶諸国滅亡** （**562年**）	**加耶四県を百済に割譲** （512年）
唐が統一 （618年）	**新羅が半島統一** （676年）	**遣隋使・遣唐使を派遣** **白村江の戦い（663年）**

ヤマト政権の成立と発展

大王を中心とする畿内有力豪族連合

◇ヤマト政権の成立──倭で最大の地域連合国家──

　世襲王権の「**大王**」を中心とする畿内有力豪族連合が、ヤマト政権です。発祥は**大和国**（奈良県）の**三輪山**付近とされており、遅くとも4世紀半ばまでには、広く勢力を持っていたようです。**5世紀には、畿内で巨大化**した**鍵穴型**の**前方後円墳**が、九州南部〜東北の一部にまで広がります。

◇4〜5世紀の東アジア──さらなる激動──

　中国では、西晋が**五胡十六国**に滅ぼされ、南方で**東晋**となりました。のち北に**北魏**、南に**宋**が成立し、5世紀前半には、南北それぞれ約150年も王朝交代が続く**南北朝時代**となります。

　朝鮮半島では、楽浪郡・帯方郡を滅ぼしたツングース系民族の**高句麗**が南下し、朝鮮民族を圧迫します。4世紀半ば、馬韓から**百済**、辰韓から**新羅**が国家を形成しますが、弁韓は**加耶**と呼ばれ、小国分立状態が続きました。『**日本書紀**』では任那と呼び、倭が勢力を置いたとしています。

　倭の4世紀は、中国の歴史書に記述がない（＝冊封されない）"**空白の4世紀**"ですが、中国吉林省にある**高句麗好太王碑**には、4世紀末〜5世紀前半、倭が鉄資源を求め朝鮮半島に進出し高句麗と交戦した、と刻まれています。5世紀には、**倭の記事が中国の歴史書に復活**します。「**倭の五王（讃・珍・済・興・武）**」と呼ばれる大王が、連続で朝貢したからです。国内の他勢力に対する**牽制**と、**朝鮮半島南部における外交・軍事上の立場を確保するため**、中国南朝の「皇帝」に倭の「王」として冊封されたのです。

第1章・原始

第2章・古代

第3章・中世

第4章・近世

第5章・近代

第6章・現代

◇ヤマト政権の国内政策──氏姓制度と私地私民制──

　勢力を拡大し続けるヤマト政権は、5～6世紀にかけ、支配体制の整備を行います。それが、豪族の一族「氏」ごとに「姓」という固定の家柄を授ける「**氏姓制度**」と、大王も豪族も自らの土地と人民を持つという「**私地私民制**」でした。古墳時代の倭は、**地方分権国家**だったのです。

◇ヤマト政権の動揺──半島からの撤退と蘇我氏の台頭──

　朝鮮半島では、高句麗と新羅が拡大し、百済やヤマト政権（加耶）は圧迫されました。527年の**磐井の乱**は、そのような状況の中で起きた、新羅と結ぶ九州豪族の反乱でした。562年には**加耶諸国が滅亡**し、**ヤマト政権は半島の拠点を失います**。国内では、大王家と外戚（＝母方の親戚）関係を結んだ**蘇我氏**が、587年、**物部氏を滅ぼして強大化**しました。592年には、**蘇我馬子**が甥の**崇峻天皇を暗殺**し、姪の推古天皇を擁立しています。

図2-2　4～5世紀の東アジア

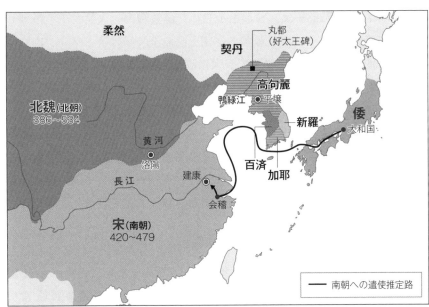

日本が南朝に冊封された目的＝朝鮮半島南部における立場の確保

律令国家の成立

ホップ・ステップ・ジャンプで成立

◇厩戸皇子〔聖徳太子〕の政治──中央集権国家の準備──

　厩戸皇子〔聖徳太子〕は、叔母の推古天皇の摂政・皇太子です。父の用明天皇の伯父にあたる蘇我馬子と協力して、二頭政治を行いました。「冠位十二階」「憲法十七条」という制度・法典を整え、**遣隋使を派遣して中国の冊封体制から離脱し、中央集権国家の準備をしたのです**（＝ホップ）。

◇中大兄皇子〔天智天皇〕の政治──中央集権国家の目標設定──

　645年、中大兄皇子は、独裁色を強めた蘇我蝦夷・入鹿父子を滅ぼします（＝乙巳の変）。そして、叔父の孝徳天皇の下で皇太子となり、内臣の中臣〔藤原〕鎌足の補佐を受けて「**大化改新**」を始めます。翌年出された「改新の詔」では、中央集権国家の目標設定として、①**公地公民制**、②地方行政組織と軍事・交通制度の整備、③**戸籍・計帳の作成と班田収授法**、④統一的な税制、を掲げました（＝ステップ）。しかし、**663年に白村江の戦いで唐・新羅連合軍に敗れる**など外政の失敗もあり、首都を近江国（滋賀県）の**大津宮**に遷すなど国防を強化してばかり。**天智天皇**として即位後も、初の全国的戸籍である庚午年籍の作成以外は、ほとんど実行できません。

◇天武・持統天皇の政治──中央集権国家の確立──

　672年、天智天皇の弟の**大海人皇子**が、天智の子で甥にあたる**大友皇子**〔弘文天皇？〕を破り（壬申の乱）、大津宮から大和国**飛鳥浄御原宮**に遷都して**天武天皇**として即位しました。大伴氏などを除く大豪族の大半は

没落し、強大化した天武は「大王」ではなく「**天皇**」と名乗りました。唐－新羅間の紛争に巻き込まれないよう、**遣唐使を中断**して内政に集中し、周囲を皇子〔親王〕で固める「皇親政治」を展開し、豪族の台頭を抑えます。

　天武の死後、子の草壁皇子が即位するはずが亡くなります。中継ぎで即位したのが、天武の皇后で草壁皇子の母にあたる**持統天皇**です。彼女は、**飛鳥浄御原令**を施行、庚寅年籍を作成して班田収授をスタート。**694年**には初の本格的都城の**藤原京**に遷都して**中央集権国家を完成**させました。

◇文武天皇の政治──律令国家「日本」の成立──

　天武・持統天皇の孫にあたる**文武天皇**が、**701年**に**大宝律令**を制定、翌年には**遣唐使を復活**させ、「**独自の律令・元号を持つ冊封されない中央集権国家**」である「**日本**」が成立しました。「ヤマト政権」は「**朝廷**」と呼ばれ、「**中央豪族**」は「**貴族**」として内裏（天皇の屋敷）・官庁所在地の「宮〔大内裏〕」の周囲、すなわち「**京**」に集住するようになります。

図2-3　律令官制表

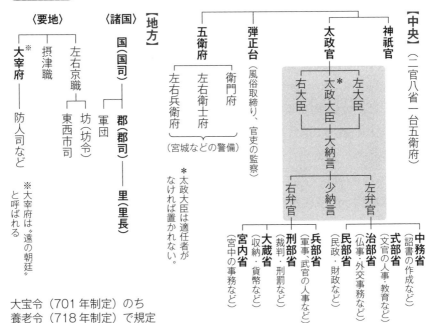

大宝令（701年制定）のち
養老令（718年制定）で規定

古墳・飛鳥・白鳳文化

渡来人たちが
どんどん伝える

◇古墳文化——渡来人による先進文化の伝来——

「邪馬台国論争」が決着せずはっきりしませんが、3世紀後半ごろからが古墳時代で、中国や朝鮮半島の先進文化が、**渡来人**により伝来します（例：須恵器）。ヤマト政権と友好関係を結ぶ**百済からが特に多かった**ようで、仏教・儒教・漢字や医術・易術・暦法は、百済が伝えました。6世紀、聖明王から欽明天皇への**仏教伝来**時に、蘇我稲目と物部尾輿の間で崇仏論争が起きたことは有名です。外来文化以外にも、弥生文化から引き継がれた**日本独自の文化も形成**されていきます（例：土師器）。豪族と一般民衆の生活習慣に違いが見られるようになったのも、特色の一つです。

古墳文化は、古墳時代前期〜後期の文化で、終末期にあたる飛鳥時代は、飛鳥・白鳳文化として分けられます。ヤマト政権の勢力が拡大した中期の**5世紀**には、**大仙陵古墳**〔仁徳天皇陵？〕や**誉田御廟山古墳**〔応神天皇陵？〕など、**畿内で前方後円墳が巨大化**しました。7世紀後半に古墳が消滅した要因は、①大化改新で規模を制限する「薄葬令」が出された（7世紀半ばから大王の墓は「八角墳」になる）、②仏教の影響で火葬が始まった、③**豪族の権威誇示の手段が古墳から寺院（氏寺）へと変化**した、の3つです。

◇飛鳥文化——中央集権国家の準備——

大和国（奈良県）の飛鳥を中心とした、6世紀末〜**7世紀前半の文化を飛鳥文化**といい、厩戸皇子〔聖徳太子〕・推古天皇や蘇我馬子などの大王家・中央豪族が担う、**わが国初の仏教文化**です。

中国の**南北朝文化**や朝鮮半島の影響が強いのですが、さらに遠く、ギリシャ・ローマ・ペルシャ・インドなどの影響も受け、世界性に富んでいます。特に**法隆寺**関連の遺物に、その特色が濃く表れています。古墳時代の『帝紀』『旧辞』に続き『天皇記』『国記』という歴史書が編纂されましたが、現在では失われています。

◇白鳳文化──中央集権国家の準備──

「白鳳」は、初の元号〔年号〕である「大化」に続く「白雉」の異称です。**白鳳文化**は、大化改新後、すなわち**7世紀後半**の天智・天武・持統天皇期の文化で、律令国家の確立期を反映した、**明るく清新なイメージ**です。大王家〔皇族〕・中央豪族が担う仏教文化で、唐や新羅を介した**初唐文化の影響**が強いのですが、西アジア・インド・高句麗の影響なども見られます。

　朝廷による仏教の保護・統制が始まり、伊勢神宮を中心とする神祇制度の整備がスタートする時期で、漢詩や和歌が初めて流行しました。

図2-4　古墳・飛鳥・白鳳文化の重要ベスト３！

古墳文化		
	1	**大仙陵古墳〔仁徳天皇陵？〕（大阪府、百舌鳥古墳群）**
	2	稲荷山古墳出土鉄剣銘（**埼玉県、埼玉古墳群**）
		※ワカタケル大王＝雄略天皇＝倭王武
	3	**土師器**（赤褐色で日常用）と**須恵器**（灰色で祭祀用）
		※土師器は弥生土器、須恵器は朝鮮半島の土器の系譜

飛鳥文化		
	1	**法隆寺金堂釈迦三尊像（鞍作鳥の作）**→北魏様式
	2	**法隆寺百済観音像**→南梁様式
	3	**三経義疏（厩戸皇子〔聖徳太子〕**が著した三仏典の注釈書）
		※法華経義疏・勝鬘経義疏・維摩経義疏

白鳳文化		
	1	**法隆寺金堂壁画**（1949年焼損）
		※**文化財保護法**（1950年）制定の契機に
	2	**高松塚古墳壁画**（1972年発見）と**キトラ古墳壁画**
	3	**薬師寺東塔**→裳階付きの三重塔

第1章・原始
第2章・古代
第3章・中世
第4章・近世
第5章・近代
第6章・現代

律令体制の展開と矛盾

中央集権国家「日本」成立直後の矛盾が噴出する、
暗黒の奈良時代。

　奈良時代は、スタートしたばかりの中央集権国家「日本」の律令体制が
動揺する "華やかな暗黒時代" です。平城京を中心に、皇族・貴族・僧
らによる**政争が途切れなく展開**され、「すべての土地と人民を天皇のもの
とする」という公地公民制も、墾田永年私財法による**私有地「荘園」**の
登場で崩壊。何人かの天皇は、**遷都と鎮護国家仏教**にのめり込み**財政難と
政治不安**を招く、という、マイナス要素ばかりが強調されてしまいます。
　奈良時代は、政権担当者で7期に分かれます。①**藤原不比等**は、中大兄
皇子〔天智天皇〕を補佐した中臣鎌足〔藤原鎌足〕の子ですが、**天武系皇**

図2-5　政権担当者で7期に分かれる奈良時代

政権担当者	藤原不比等	長屋王	藤原四子
出自	中臣〔藤原〕鎌足の子	天武天皇の孫	藤原不比等の子
天皇	元明・元正	元正・聖武	聖武
出来事	**710 平城京遷都** 718 養老律令制定	723 三世一身法 729 長屋王の変	729 光明子立后 737 天然痘で 　　　四子死亡

第1章・原始

第2章・古代

第3章・中世

第4章・近世

第5章・近代

第6章・現代

室と外戚関係を確立しました。②**長屋王**は、天武天皇の孫で、藤原不比等の死にともない政権を担当。しかし、不比等の娘の光明子が聖武天皇の皇后となることに反対し、自殺に追い込まれました。③**藤原四子**は、不比等の子の武智麻呂（南家）・房前（北家）・宇合（式家）・麻呂（京家）。4つに分家して勢力を拡げましたが、天然痘で全員亡くなります。④**橘諸兄**は、光明皇后の異父兄にあたる元皇族で、唐帰りの玄昉と吉備真備を側近とし勢力を持ちました。しかし、聖武天皇・光明皇后が遷都や仏教に浪費を繰り返し、財政難に。⑤**藤原仲麻呂**は、武智麻呂（南家）の子で、淳仁天皇を擁立して恵美押勝の名を賜ります。しかし、孝謙上皇と対立し、反乱を起こし処刑されます。⑥**道鏡**は、称徳天皇（孝謙上皇が再度即位）の寵愛を受けた僧で、太政大臣禅師から法王となり、皇位まで狙いますが失敗し失脚。⑦**藤原百川**（式家）が光仁天皇を即位させ、**天智系皇室が復活**するのです。

橘諸兄	藤原仲麻呂 （恵美押勝）	道鏡	藤原百川
光明皇后の異父兄	南家武智麻呂の子	弓削氏？	式家宇合の子
聖武・孝謙	**孝謙・淳仁**	**称徳**	**光仁**
740　藤原広嗣の乱 741　国分寺建立の詔 **743　墾田永年私財法** 　　　大仏造立の詔	757　養老律令施行 　　　橘奈良麻呂の変 764　恵美押勝の乱	765　太政大臣禅師 766　法王 769　宇佐八幡宮 　　　神託事件	

奈良時代の政治

意外に暗黒時代……

◇藤原不比等・長屋王・藤原四子政権——奈良時代前期——

奈良時代は、「天武系皇室とともに藤原氏が浮き沈み」して「最終的に天智系皇室とともに藤原氏が浮く」時代です。**藤原不比等**は、壬申の乱における負け組の天智系と親密な藤原鎌足の子ですが、皇室に嫁がせた娘から男児（のちの聖武天皇）が生まれ、**勝ち組の天武系と外戚関係を結び台頭**します。**元明・元正2代の女帝**に気に入られ、**710年**に平城京遷都を実施、718年に大宝律令を改訂した**養老律令**を編纂しています。

長屋王は天武天皇の孫で、**皇親政治の継承者**です。藤原不比等の死後、政権を担当し、723年に三世一身法を発布しました。しかし729年、不比等の娘の光明子が**聖武天皇**の皇后となる人事に反対し、藤原四子たちにより自殺に追い込まれました（**長屋王の変**）。

藤原四子は、光明皇后の**異母兄**にあたる**武智麻呂（南家）・房前（北家）・宇合（式家）・麻呂（京家）**です。分家して4人がかりで勢力を拡げましたが、737年に**天然痘で全員亡くなります**。

◇橘諸兄・藤原仲麻呂〔恵美押勝〕政権——奈良時代中期——

急遽、政権担当となった**橘諸兄**は、**光明皇后の異父兄**にあたる元皇族で、遣唐使帰りの玄昉・吉備真備が補佐します。しかし、740年に**藤原広嗣（式家）**が九州で反乱すると、聖武天皇と皇后の現実逃避が始まります。同年から**恭仁京（山背国）→難波宮（摂津国）→紫香楽宮（近江国）**と遷都を繰り返し、結局は平城京（大和国）に戻ります。また、仏教に傾倒し、

国分寺建立の詔（741年）と大仏造立の詔（743年）を発布。唐から鑑真を招き、譲位した娘の**孝謙天皇**とともに授戒されるなど逃避を極めて財政難に陥り、墾田永年私財法（743年）も発布した政権は、批判を集めました。

代わって台頭した**藤原仲麻呂（南家）**は、757年、祖父の不比等が編纂した養老律令を施行し、橘諸兄の子によるクーデタを鎮圧します（**橘奈良麻呂の変**）。翌年、独身女帝の後継に**淳仁天皇**を擁立し、彼から**恵美押勝**の名を賜ります。しかし、孝謙上皇・道鏡と対立を深め、764年に反乱して処刑され、淳仁天皇は廃位の上で淡路国に流されました（**恵美押勝の乱**）。

◇道鏡・藤原百川政権──奈良時代後期──

孝謙上皇が重祚（再度の即位）した**称徳天皇**の寵愛を受けた怪僧**道鏡**は、太政大臣禅師ののち**法王**となり皇位も狙いますが、**宇佐八幡宮神託事件**で失脚、下野国（栃木県）の薬師寺に追放されます。その後、**藤原百川（式家）**が**天智**系の**光仁天皇**を即位させ政権を担当、**藤原式家が勝ち残った**のです。

図2-6　皇室と藤原氏の関係系図①

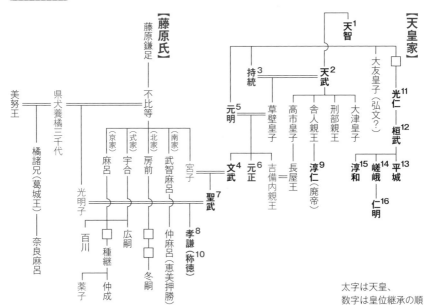

太字は天皇、
数字は皇位継承の順

藤原氏（式家のち北家に勢力交代）と**天智系皇室**が残る

天平文化

シルクロードの終着駅

◇天平文化の特色──オープン&クローズ──

奈良時代の文化を、当時の代表的な元号を使い**天平文化**と呼びます。遣唐使のもたらす**盛唐文化の影響**が強く、東大寺の正倉院宝庫にはシルクロード経由の西域の文物も伝わり**国際色豊か**です（オープンな側面）。しかし、平城京の**皇族・貴族たちのみが担う仏教文化**でした（クローズな側面）。

◇鎮護国家仏教の全盛──僧による政治介入を招く──

政争・戦乱・疫病・飢饉などに悩まされた奈良時代には、聖武天皇・光明皇后と娘の孝謙天皇（のち称徳天皇）を中心に、「仏教を崇拝することで災いから国家を護ってもらう」という鎮護国家思想が広まりました。三論宗・成実宗・法相宗・倶舎宗・華厳宗・律宗の「**南都六宗〔奈良仏教〕**」は全盛を迎え、全国に**国分寺・国分尼寺**が建ち、**行基**らの活躍で東大寺に**大仏〔盧舎那仏〕**まで造られました。さらに、唐から高僧の**鑑真**を招き、授戒〔受戒〕を行う戒壇を東大寺（大和国）、薬師寺（下野国）、観世音寺（筑前国）の3カ所に設置しました（=**本朝三戒壇**）。しかし、寺院・仏像の乱造により国家財政は窮乏、労役に駆り出された人民も疲弊してしまいます。また、**玄昉や道鏡のような僧の政治介入**を招き、宗教活動の低迷と退廃が見られるなど、負の側面も強くありました。

◇文芸の興隆──最古の漢詩集と和歌集──

奈良時代には、**最古の漢詩集**である『**懐風藻**』と、**最古の和歌集**である

『万葉集』が編纂されました。特に万葉集は、古墳時代からの約4500首を収録し、日本の古代研究に欠かせない貴重な史料です。漢字を使った**万葉仮名**で書かれ、素朴で力強い**万葉調**〔**ますらをぶり**〕に特徴があります。

◇歴史書・地誌の編纂──奈良時代前期──

奈良時代前期には、飛鳥時代の**天武天皇が始めた国史の編纂が完了**します。律令国家「日本」の確立とともに、皇室による統治の由来や国家の形成・発展の経過を示すため、中国に倣って取り組まれました。712年に完成した『**古事記**』は、神代〜推古天皇までを漢字の音・訓を用いて表記し3巻に収めた**現存最古の歴史書**です。720年に完成した『**日本書紀**』は、皇室による国家統治の正当性を証明する**正史**として編纂されました。神代〜持統天皇までを漢文の**編年体**で30巻＋系図に収めた、「**六国史**」の初めです。713年に各国の物産・地理・伝説を国司に編纂させた『**風土記**』は、現在、出雲国など5カ国ぶんしか残存していませんが、**地誌の初め**です。

図2-7　天平文化の各分野重要ベスト３！

建築	1	**東大寺正倉院宝庫**（校倉造）
	2	**東大寺法華堂**〔三月堂〕
	3	**唐招提寺金堂**
彫刻	1	**唐招提寺鑑真像**（乾漆像→麻布を漆で塗り固め原型を抜く）
	2	**興福寺阿修羅像**（乾漆像）
	3	**東大寺法華堂執金剛神像**（塑像→木を芯とし粘土を塗り固める）
史料	1	『**万葉集**』（最古の和歌集） ※天皇〔大王から〕東歌・防人歌など農民の歌まで収録
	2	『**日本書紀**』（720年舎人親王ら編纂、**正史"六国史"の最初**） ※続く5つは『続日本紀』『日本後紀』『続日本後紀』『日本文徳天皇実録』『日本三代実録』（10世紀初めに完成）
	3	『**古事記**』（712年編纂、**現存最古の歴史書**） ※稗田阿礼の暗誦を基に太安万侶が筆録

律令体制の衰退

唐を真似た「律令国家」に見切りをつけ、
日本独自の「王朝国家」へ。

　大和国（現在の奈良県）の平城京から、山背国のち山城国（現在の京都府南部）の長岡京を経て、794年には平安京に遷都。ここから始まる平安時代の9世紀は、天皇自ら、唐から導入した「律令国家」体制を日本の実情に合わせつつ維持しようとしたのですが、10世紀に入ると挫折し、11世紀前半にかけて、独自の「王朝国家」体制に移行します。外見はあまり変わりませんが、天皇以外にも摂政・関白が中央で一定の勢力を持ち、地方政治は徴税請負人化した国司任せ、私有地である荘園も大量に存在するなど、内実はかなり変化した体制がスタートします。

図2-8　律令体制から摂関政治へ

	天智系皇室による刷新	（前期）摂関政治
時　期	8世紀末～9世紀前半	9世紀半ば～後半
政　権	桓武天皇・嵯峨天皇	藤原良房・基経
特　徴	「律令国家」再建の努力	「律令国家」の限界
出来事	794　平安京遷都 797　坂上田村麻呂征夷大将軍 810　蔵人所設置 　　　薬子の変	842　承和の変 858　藤原良房事実上摂政 866　応天門の変 884　藤原基経事実上関白 887　阿衡の紛議（～888）

第1章・原始

第2章・古代

第3章・中世

第4章・近世

第5章・近代

第6章・現代

平安時代**前期**は、新天地への遷都で天智系皇室として新たなスタートを切り、**東北の蝦夷征討**でその威勢をアピール。厳しすぎた農民負担を軽減したり、新たな官職を増やしたり、法の注釈書を編纂したり、追加法や施行細則を整理したり、新仏教を導入したり……、奈良時代に矛盾が噴出した律令制の修復を色々と試みたのですが、**中期**には結局あきらめることに。国家の根本ともいえる徴税方法を変えたことで、事実上新たな体制に移行します。

中央では、他氏排斥を繰り返して摂政・関白の地位を独占した藤原北家（＝**摂関家**）が君臨。年中行事と恋愛に大忙しの**皇族・貴族**は、地方政治や外交には徹底的に無関心で、全国の治安は悪化し、公的外交は私的交流に変化します。これが平安時代**後期**の摂関政治の実情でした。その頃、各地では新興勢力である**武士**が着実に力をつけてきていたのです。

天皇の親政 寛平・延喜・天暦の治	（後期）摂関政治
9世紀末〜10世紀半ば	10世紀後半〜11世紀半ば
宇多・醍醐・村上天皇	**藤原実頼・兼家・道長・頼通**
「律令国家」の放棄 **摂関政治の中断**	**「王朝国家」の確立** **摂関政治の全盛**
894　遣唐使停止 **901　昌泰の変** 902　延喜の荘園整理令 939　平将門・藤原純友の乱 958　乾元大宝鋳造	**969　安和の変** 1016　藤原道長摂政 1019　刀伊の入寇 1028　平忠常の乱（〜31） 1053　平等院鳳凰堂完成

律令体制の再建

律令国家再建の
努力もむなしく

◇平安京遷都——天武系の大和国から天智系の山城国へ——

「律令国家」は、租・庸・調・雑徭や兵役など、農民負担が重すぎました。奈良時代中期から私有地の荘園が広がり、農民も浮浪・逃亡して戸籍が形だけのものになると、公地公民の原則が崩れます。また、天武系皇室の下で政争が激しく、鎮護国家仏教も弊害をもたらしていたので、**天智系の光仁天皇を継いだ桓武天皇**は、遷都による政治の刷新を決意します。

784年、**山背国**（京都府南部）**の長岡京に遷都**したのですが、翌年に造営責任者の藤原種継（式家）が暗殺され、その後も洪水や怨霊に悩まされるなど、不幸の連続でした。桓武天皇は、種継の暗殺事件で皇太弟早良親王を無実の死に追い込んでしまった後悔もあり、**794年**に平安を求めて北東部の京都盆地に遷都し、山背国を**山城国**に改めました。これが**平安京**です。そして、京内の寺院は東寺・西寺の2つに限り、**南都六宗の大寺院を奈良に留め移転を禁止**します。仏教勢力の政治介入を排除したのです。

◇**本格的な蝦夷征討**——天智系の威勢を誇示——

大化改新後に日本海側を北上し、奈良時代前半で**出羽国**に**秋田城**、太平洋側の**陸奥国**に**多賀城**を築くなど、**東北支配**は進めていましたが、服属した蝦夷が従順なわけではなく、完全に支配下に入った南九州の**隼人**とは対照的でした。光仁天皇の780年、**伊治呰麻呂の乱**が起き、支配の要として鎮守府が置かれていた多賀城が焼かれます。

天智系の威勢を誇示するため、**本格的な蝦夷征討**を決意した桓武天皇も、

二度にわたり軍を派遣して失敗しました。そこで797年、**坂上田村麻呂**を**征夷大将軍**に任命し、三度目の征討を行います。坂上田村麻呂は、族長の阿弖流為を帰順させ、北上川沿いを北上して**胆沢城**を築き、鎮守府を移転します。翌年も北方に志波城を築くなど、東北支配を進展させました。

◇律令体制の見直し──日本の実情に合わせた改革──

　桓武天皇の子は、兄弟順に平城→嵯峨→淳和天皇と即位していきます。**810年**、平城上皇と**嵯峨天皇**が揉めて弟が勝つ**薬子の変**〔**平城太上天皇の変**〕が起き、光仁→桓武→平城と仕えてきた**藤原式家は没落**し、嵯峨天皇と外戚関係を結ぶ**藤原北家が台頭**することになります。

　平安時代前期の天皇は、「**律令制を日本の実情に合わせる**」観点で改革を進め、①**農民負担の軽減**、②積極的な**令外官**（令の規定外の官職）設置、③**格**（律・令の追加法）と**式**（律・令・格の施行細則）の集成、④令の官撰注釈書『**令義解**』編纂を進めましたが、ほころびは拡がるばかりでした。

図2-9 　皇室と藤原氏の関係系図②

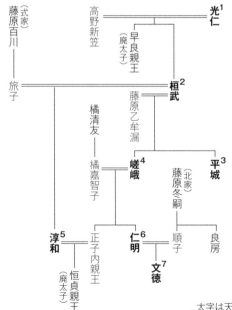

太字は天皇、数字は皇位継承の順

律令体制の放棄

「律令国家」から「王朝国家」へ

◇前期摂関政治——藤原北家の台頭——

810年、**藤原冬嗣**（北家）が嵯峨天皇の蔵人頭（＝側近の集まる蔵人所の長官）に登用されます。同年、薬子の変〔平城太上天皇の変〕で藤原仲成・薬子兄妹（式家）がそれぞれ死刑・自死に追い込まれ、**式家から北家に藤原氏の勢力が交代**します。その後、冬嗣は娘を嵯峨天皇の皇子に入内させ、皇室と外戚関係を確立します。

冬嗣の後、子の良房が臣下で初の摂政（幼少時の天皇を代行）に、孫の基経が初の関白（成人後の天皇を補佐）に就任します。その過程で①**承和の変**（842年、伴健岑・橘逸勢を排斥）、②**応天門の変**（866年、大納言伴善男らを排斥）、③**阿衡の紛議**（887〜888年、橘広相を排斥）という**3度の他氏排斥事件**がありました。しかし、清和天皇の摂政となった良房、陽成天皇の摂政→光孝天皇の事実上の関白→宇多天皇の正式の関白となった基経の2人のみで摂関政治は途切れます。**摂関家**（＝藤原北家）の勢力を恐れた数名の天皇が、親政を展開したからです。

◇天皇による親政——摂関政治の中断——

天皇による親政は、①**寛平の治**（宇多天皇後期）、②**延喜の治**（醍醐天皇）、③**天暦の治**（村上天皇後期）です。②と③の間の朱雀〜村上天皇前期の治世では、一時的に藤原忠平による摂関政治が復活しましたが、それ以外は摂政・関白が置かれず、後世に「延喜・天暦の治」として美化されます。しかし実情は、①で遣唐使停止（894年）、②で**延喜の荘園整理令・最**

終班田（902年）、③で**最後の本朝 十二銭**鋳造（958年、乾元大宝）のように、ロクなことがありません。特に班田収授法が終わったことは大きかった。さらに②と③の間には、**平 将門と藤原純友が反乱**を起こしており（935〜941年、承平・天慶の乱）、地方武士の勢いも増していました。

◇律令体制の放棄——「律令国家」から「王朝国家」へ——

10世紀に入ると班田収授が終わり、「戸籍・計帳に基づく個別の租税賦課方式を廃止」します。一定量の税を朝廷に納入する代わりに一国の支配を一任される＝**徴税請負人化した国司**が、従来の「租・庸・調・雑徭」を「人ごとに」課す代わりに、「**官物・臨時雑役**」を「土地ごとに」課すようになりました。その土地＝**名**〔**名田**〕を任されたのが、**大名田堵や田堵**と呼ばれる地方豪族（もと郡司）や有力農民（もと里長）でした。徴税方式が変わるということは、**律令体制の放棄**と見てよいでしょう。日本は、**唐を模倣した「律令国家」から独自の「王朝国家」へ**と変化したのです。

図2-10 皇室と藤原氏の関係系図③

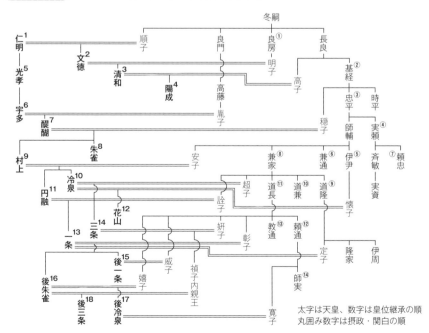

太字は天皇、数字は皇位継承の順
丸囲み数字は摂政・関白の順

摂関政治

じつは一定枠内の 公私混同的政治

◇摂関政治の確立──他氏排斥完了と「氏の長者」争い──

　藤原良房・基経の前期摂関政治終了後、基経の子である時平・忠平兄弟の運命は分かれます。時平は、醍醐天皇の「延喜の治」の下で左大臣になりましたが関白を兼任できず、**昌泰の変**（901年、右大臣菅原道真を排斥）の後、病死しました。兄を継いだ弟の**忠平**は、朱雀天皇の摂政・関白、村上天皇の関白を務め、**一時的に摂関政治が復活**しました。

　藤原忠平の死後、村上天皇の「天暦の治」で再び摂関政治は中断しましたが、続く冷泉天皇が病弱だったため、忠平の子である実頼・師輔兄弟が実権を握り、兄の**実頼**が関白を務めました。この時、**最後の他氏排斥である安和の変**（969年、左大臣源高明を排斥）が起き、実頼が新たに即位した円融天皇の摂政に就任し、**摂関政治が確立**しました。

　その後、弟の師輔の家系が台頭し、**摂関家〔藤原北家〕**内で「**氏長者**」争いが展開されます。師輔の子である兼通・兼家兄弟、兼家の子である道隆・道兼兄弟の争いを経て、さらにその弟、道長が登場します。

◇摂関政治の全盛──藤原道長・頼通の全盛──

　藤原道長は、甥の**伊周**との争いに勝ち、摂関家の「氏の長者」となりました。**4人の娘（彰子・妍子・威子・嬉子）を天皇・皇太子に嫁がせ、皇室との外戚関係を盤石**にします。当時は招婿婚の風習で、男児は幼少時に妻の実家で養育されたので、"未来の天皇"は道長の屋敷で育ったのです。

　摂関政治とは、外戚である藤原北家〔摂関家〕が天皇の政務を摂政・関

白として代行・補佐することです。摂関家の経済基盤は、「律令官人としての給与（きゅうよ）＋寄進地系荘園（きしんち）からの得分（とくぶん）」でしたが、朝廷の人事権を掌握していたため、成功（じょうごう）と呼ばれた賄賂（わいろ）による収入もありました。

　重要政務は、上級貴族である公卿が参加する内裏の「近衛の陣（このえのじん）」における陣定（じんのさだめ）で決定され、天皇に報告して裁可を仰ぎます。詔・勅・宣旨（しょう・ちょく・せんじ）や太政官符（だいじょうかんぷ）などの他に、摂関家の下す政所下文（まんどころくだしぶみ）・御教書（みぎょうしょ）なども力を持ちましたが、摂関家はあくまでも「**律令の枠内で公私混同的政治を展開する**」だけで、独裁政治ではありません。

　10世紀後半〜11世紀前半の、道長と子の頼通による摂関政治全盛期は、内政・外交ともに積極的政策はなく、**先例・儀式が重視**され、年中行事だけが発達します。個人・一族の栄達に執着して政治を軽視する傾向が強く、公卿の責任感は著（いちじる）しく欠如していました。その結果、**国政は形式的になり、国司に一任された地方政治は乱れ、武士団が成長**する要因となりました。

図2-11　藤原北家（＝摂関家）全盛までの年表

810年	北家の**藤原冬嗣**が嵯峨天皇の蔵人頭に
	薬子の変〔平城太上天皇の変〕で式家没落
842年	**承和の変**で伴健岑・橘逸勢失脚
858年	**藤原良房**が清和天皇の事実上の**摂政**に
866年	**応天門の変**で大納言伴善男失脚
884年	**藤原基経**が光孝天皇の事実上の**関白**に
887年〜	**阿衡の紛議**で藤原基経が宇多天皇の正式の関白に（〜888年）
901年	**昌泰の変**で右大臣菅原道真失脚
969年	**安和の変**で左大臣源高明失脚
1018年	**藤原道長**が一家三立后を達成
	※自邸である土御門邸の宴席で「**この世をば我が世とぞ思ふ　望月の欠けたることも無しと思へば**」と詠む
1053年	**藤原頼通**が宇治に**平等院鳳凰堂**を建立

弘仁・貞観文化と国風文化

中国文化に
ドップリでもう満足

◇弘仁・貞観文化——平安時代前期の文化——

　平安時代前期の文化を、当時の代表的な元号を使い**弘仁・貞観文化**と呼びます。遣唐使のもたらす**晩唐文化の影響が強い**ですが、国風化の芽生えも見られます。平安京の皇族・貴族が中心の文化で、**紀伝道**（中国の文学・歴史研究）や**明経道**（儒教の経典研究）が重視され、**漢文学が発達**します。**勅撰漢詩集**として『**凌雲集**』『**文華秀麗集**』『**経国集**』が編纂され、文芸を中心に国家の隆盛を目指す「**文章経国思想**」の象徴となります。紀伝道の頂点である文章博士の菅原道真が、右大臣まで出世するわけですね。また、律令国家の再建期だったので、**明法道**（律・令・格・式の研究）も注目されました。美術では、唐から新たに持ち込まれた密教の影響が強く、**官能的で暗く神秘的なイメージ**の密教美術が栄えます。

◇国風文化——平安時代中期〜後期の文化——

　摂関政治期にあたる**平安時代中期〜後期**の文化を、**国風文化**と呼びます。**唐の文化を十分に吸収・消化**した独自のもので、日本の風土や日本人の人情・嗜好に合うように工夫され、**優雅で洗練されたイメージ**です。平安京の皇族・**摂関家**や後宮の女房たちが中心の貴族文化で、**仮名文字の登場を前提に国文学が発達**します。**初の勅撰和歌集**として『**古今和歌集**』が編纂され、繊細で技巧的な**古今調**〔たをやめぶり〕は後世の和歌の模範となりました。また、**藤原道長**の和様漢文体日記『**御堂関白記**』や、**清少納言**の随筆『**枕草子**』、**紫式部**の『**源氏物語**』は、世界的な評価を受けています。

第1章・原始

第2章・古代

第3章・中世

第4章・近世

第5章・近代

第6章・現代

◇平安時代の宗教──平安仏教・神仏習合・浄土信仰──

　平安時代前期には、「**平安仏教**」の天台宗と真言宗が、**最澄**〔**伝教大師**〕と**空海**〔**弘法大師**〕により唐から導入されます。「奈良仏教」の南都六宗に対し、信仰を重視した一宗派の独立が見られ、経典を読む顕教より実践を伴う**密教**的傾向の強い教えです。天台宗は**比叡山延暦寺**（近江国）、真言宗は**高野山金剛峰寺**（紀伊国）を本拠とし、のちに山岳崇拝と結合し、修験道の源流ともなります。この頃、神祇信仰と仏教の融合である**神仏習合**の風潮も強くなり、「神は仏の仮の姿」とする**本地垂迹説**も流行しました。

　平安時代中期以降、**空也**や**源信**〔**恵心僧都**〕により**浄土信仰**〔**浄土教**〕が広まります。**念仏**「**南無阿弥陀仏**」を唱え、来世で極楽浄土に往生することを願う教えです。背景には、戦乱・盗賊・災厄など社会不安の増大と大寺院の世俗化、「釈迦入滅後、千年ずつの正法・像法を経て1052（永承7）年から末法に突入する」と信じられた**末法思想**の流行がありました。

図2-12 弘仁・貞観、国風文化の重要ベスト３！

弘仁・貞観文化	1	『凌雲集』（初の勅撰漢詩集）
		※『文華秀麗集』『経国集』と合わせ三大勅撰漢詩集
	2	勧学院（藤原氏の**大学別曹**→寄宿舎兼図書館）
		※和気氏の**弘文院**、橘氏の**学館院**、在原氏らの**奨学院**も
	3	室生寺金堂・五重塔（**大和国**）
国風文化	1	『枕草子』（清少納言）と『源氏物語』（紫式部）
		※王朝文学・女房文学の頂点
	2	『古今和歌集』（初の勅撰和歌集、"八代集"の最初）
	3	『御堂関白記』（藤原道長）と『小右記』（藤原実資）
平安仏教	1	天台宗（伝教大師・最澄）と真言宗（弘法大師・空海）
	2	空也と源信〔恵心僧都〕の浄土信仰〔浄土教〕
	3	**神仏習合**の進展
		※神は仏の仮の姿とする**本地垂迹説**が流行

古代の外交

公的な外交から、
私的な貿易・文化交流へ。

　古墳時代、高句麗「好太王碑文」以外に記述が残らない"空白の４世紀"を経た**５世紀**、**中国南朝**の皇帝にヤマト政権の大王である「**倭の五王**」たちが朝貢し、冊封されていました。6世紀、再び倭に関する記述は消えるのですが、**7世紀**には厩戸皇子〔聖徳太子〕が**遣隋使**を派遣し、**冊封体制から離脱**しました。唐が成立すると遣唐使が派遣されましたが、これも、日本の天皇は「朝貢」しても、中国の皇帝に王として「冊封」されているわけではありません。また、7世紀後半に朝鮮半島を統一した**新羅**や、8世紀前半に中国東北部に台頭した**渤海**とも、**公的な外交関係**がありました。

図2-13　日本と東アジアの関係

		4世紀	5世紀	6世紀	7世紀
中国		空白の４世紀	**南朝に朝貢**	遣使せず	**遣隋使・遣唐使**
朝鮮		末期に進出	**南部に勢力**	**勢力失う**	**白村江で敗れる**
沿海州					

第1章・原始

第2章・古代

第3章・中世

第4章・近世

第5章・近代

第6章・現代

　　10世紀、東アジア情勢は大きく変化します。907年、中国では**唐が滅亡**し、華北に五代の王朝、他の地域に十国という**五代十国**の興亡を経て、趙匡胤が建てた**宋〔北宋〕**が979年に主要部を統一します。日本は動乱を避けるためもあり、**正式な国交を開きませんでした**が、宋船が九州北部に頻繁に来航し、**私貿易**は継続されます。日本人の渡航は、巡礼を目的とする僧には許されることがあったので、**文化交流**は続きます。

　　935年、朝鮮半島では**新羅が滅亡**し、王建が建てた**高麗**が翌年に半島を統一します。日本と国交は開かれませんが、商人などの往来はありました。

　　中国東北部では、926年にモンゴル系の**契丹〔遼〕により渤海が滅亡**しましたが、11世紀になると、日本にとって初めての外寇があります。**1019年**、ツングース系の**女真族〔刀伊〕**約2500人が九州北部に来襲したのです（＝**刀伊の入寇**）。日本は、大宰権帥藤原隆家率いる地方武士の活躍で、辛うじて撃退しました。

8世紀	9世紀	10世紀	11世紀
遣唐使	遣唐使停止	宋と私的交流	宋と私的交流
遣新羅使	遣新羅使停止	高麗と私的交流	高麗と私的交流
遣渤海使	遣渤海使停止	渤海滅亡	刀伊の入寇

ヤマト政権の外交

皇帝から王に任命
されるのはヤメ！

◇遣隋使──冊封体制からの離脱──

　5世紀、『宋書』倭国伝には、478年に「倭の五王」最後の**武**〔**雄略天皇**〕が上表文を送り、**南朝の宋の皇帝に倭国王として冊封された**とあります。前漢の紀元前1世紀以来、"空白の4世紀"を除けば、倭の支配者が中国皇帝の後ろ盾を得て支配体制を確立していくのは、自然なことでした。

　6世紀、①512年百済へ加耶〔任那〕4県を割譲、②527年に新羅と結ぶ筑紫国造磐井の乱、③562年に新羅が加耶〔任那〕を滅ぼし、**ヤマト政権は朝鮮半島の勢力を失います**。しかし、589年に隋が南北朝を統一し、598年から高句麗征討を行う隙に、倭は隋と「朝貢し国交を結ぶが冊封はされない」という独自の関係を築くことに成功します。

　それが**7世紀前半**、推古天皇の下で**厩戸皇子**〔**聖徳太子**〕が派遣した遣隋使です。『隋書』倭国伝によると、①600年に初代の文帝〔楊堅〕に遣使するも相手にされず、『日本書紀』では無かったことに。冠位十二階や憲法十七条を整えて、②**607年**に仕切り直し、2代の**煬帝**に**小野妹子**を派遣します。「日出づる処の天子、書を日没する処の天子に致す」と、いきなり対等の国書を送ったので、煬帝が怒るまいことか！　しかし、隋は高句麗と交戦中だったので冷静になり、答礼使に裴世清を送ってきました。なので、③608年に裴世清を送り届ける名目で、小野妹子が再派遣されます。この時、高向玄理・旻・南淵請安らが留学生・学問僧として同行しました。④614年に犬上御田鍬を派遣し、これが最後となりました。隋が高句麗征討の失敗と大運河の工事で疲弊し、わずか2代で滅亡したからです。

◇遣唐使と朝鮮半島の統一──白村江の戦いと新羅の朝鮮統一──

　618年に初代の高祖〔李淵〕が隋を滅ぼして唐を建て、長安を都としました。その後、2代の太宗〔李世民〕は、10年がかりで中国を統一します。倭は630年、舒明天皇が初の遣唐使として犬上御田鍬を派遣し、隋と同様の「冊封されない」関係を認められました。644年、唐が高句麗征討を始めると、東アジア文化圏の朝鮮半島諸国や倭は動揺し、中央集権体制確立の必要に迫られます。これが645年の乙巳の変につながるのです。

　660年、唐・新羅連合により百済が滅亡すると、倭は旧百済を助け、朝鮮半島に再進出を図りますが、663年、白村江の戦いで唐・新羅連合に大敗します。668年、高句麗が滅亡した後、676年、新羅が唐の勢力を追放して半島を統一しました。天武・持統天皇は、唐と新羅の対立に巻き込まれないように遣唐使を中断しますが、文武天皇は702年、則天武后の下に粟田真人らを派遣し、中央集権国家「日本」として外交を復活したのです。

図2-14　6世紀の朝鮮半島

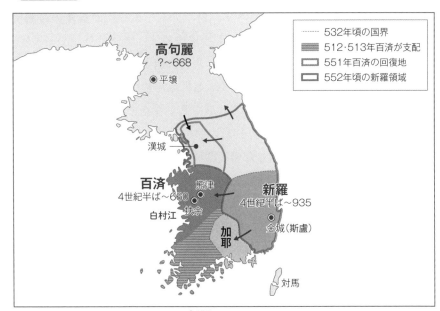

676年に新羅が朝鮮半島を統一

律令国家の外交

公的な関係から
私的な関係へ

◇「律令国家」の外交——唐・新羅・渤海——

　唐の都**長安**に向かう**遣唐使**は、造船や航海の技術が未熟だったため、ほぼ20年に1度、約500人が4隻の船に分乗し、命懸けで渡航しました。8世紀に再開した後は、**新羅との政治的緊張のため、北路から南路・南島路へと航路を変更**して特に遭難が増えます。奈良時代には、阿倍仲麻呂や藤原清河のように6代玄宗に仕え帰国できず唐で一生を終える者もいましたが、玄昉と吉備真備は帰国後に活躍しました。平安時代前期には、最澄と空海が天台宗と真言宗を伝えます。**838年**、最澄の弟子の円仁が**最後の遣唐使**として海を渡り、当時の唐の様子を『**入唐求法巡礼行記**』に著しています。

　676年に朝鮮半島を統一した新羅は、当初は唐との対立が激しく、日本に形式的に朝貢していました。しかし、8世紀初めには「独自の律令を持たず唐から新羅王として冊封される」形で落ち着きます。そこで、**日本に対等外交を要求した**のですが、「独自の律令を持ち、唐に冊封されない」格上の**日本は朝貢継続を要求したので関係が悪化**し、遣唐使が半島沿いの北路を進めなくなります。8世紀半ば、藤原仲麻呂〔恵美押勝〕が新羅征討を計画したこともありますが実現せず、都の**金城**に向かう日本からの**遣新羅使**も、8世紀末までは派遣されました。

　高句麗滅亡後、靺鞨族や高句麗遺民を中心に**中国東北部に建国**されたのが**渤海**です。727年以降、日本海側の**松原客院**（越前国）や能登客院（能登国）を経て頻繁に来朝し、**友好関係が続きました**。日本も、都の**上京龍泉府**に向かう**遣渤海使**を9世紀初めまで派遣しました。

◇10世紀の東アジア情勢──諸王朝の交代と私的交流──

　9世紀前半には新羅、後半には唐の商人が来航するようになり、朝廷では私貿易の仕組みを整えつつありました。**894年、菅原道真の建議により遣唐使は停止**されます。理由は、**唐の衰退・航海の危険**・文化の十分な吸収・朝廷の財政難などです。907年、**唐が滅亡**し、五代十国の諸王朝の興亡を経て、10世紀後半には**宋〔北宋〕**により再統一されますが、日本は東アジアの動乱を避けるためもあり、**正式な国交を開きません**。しかし、宋船は博多に来航し、**私貿易**は継続されます。渡航は禁止されましたが、巡礼僧に関しては許されることもあり、**文化交流**は続きました。

　中国東北部では、926年に**渤海が契丹〔遼〕に滅ぼされます**。朝鮮半島では、936年に**高麗が新羅を滅ぼして半島を統一**します。日本は遼・高麗とも国交を開きませんが、高麗との間には商人などの往来がありました。

図2-15　8世紀の東アジアと航路

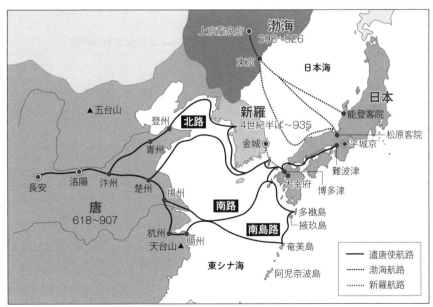

この後、10世紀に日本以外の国家はすべてチェンジ！

古代=皇室と貴族の時代

古墳→奈良→平安時代（後期まで）

〈まとめ〉
1

ヤマト政権の成立と発展
（古墳時代前期〜後期）

大王を中心とする畿内有力豪族連合
※古墳文化

〈まとめ〉
2

律令国家「日本」の成立
（古墳時代末期＝飛鳥時代）

厩戸皇子〔聖徳太子〕→天智天皇→天武・持統天皇
※中国に冊封されず　※飛鳥文化→白鳳文化

〈まとめ〉
3

律令国家の展開と矛盾（奈良時代）

藤原氏＆天智系皇室が勝ち残る政争と公地公民制の崩壊
※天平文化

〈まとめ〉
4

律令国家の再建（平安時代前期）

天智系皇室である桓武天皇や嵯峨天皇の努力
※弘仁・貞観文化

〈まとめ〉
5

律令国家の放棄（平安時代中期）

10世紀に「律令国家」から「王朝国家」へ
※外交は公的外交から私的交流へ

〈まとめ〉
6

摂関政治（平安時代後期）

天皇の外戚が公私混同的政治を展開
※国風文化

第3章

中世

公武二元支配の
時代

荘園公領制と武士

「自分の土地」を
「武力を持つ誰かに管理してもらう」時代に。

　ヤマト政権では、大王も豪族も、土地と人民を私有しました（＝私地私民制）。7世紀半ばの大化改新で、「すべての土地と人民は大王〔天皇〕のもの」と理想が打ち出され、701年の大宝律令制定により公地公民制が実現しました。しかし、奈良時代の743年、墾田永年私財法で開墾地の私有を公認し、公地制は崩壊します。この初期荘園は、国司や郡司の権威に依存し税を徴収されつつも、**形式的には荘園領主の直接経営**です。9世紀後半には、律令体制の崩壊にともない、労働力不足により大半の荘園が荒廃しました。

図3-1　荘園のしくみと武士の台頭

荘園公領制

寄進地系荘園 （私有地）	背景勢力	「**本家**」権門勢家 （皇族・摂関家・大寺社）
	本来支配者	「領家」中下級貴族・寺社
	現地管理人	荘官＝地方武士
	荘　民	**名主**と作人と下人・所従
	貢　納	**年貢・公事・夫役**
公領〔国衙領〕 （公有地）	背景勢力	**朝廷**・知行国主 （皇族・摂関家・大寺社）
	本来支配者	国衙・国司（受領・遙任）
	現地管理人	郡司・郷司・保司＝地方武士
	農　民	**名主**と作人と下人・所従
	貢　納	**年貢・公事・夫役**

　しかし、**10世紀**に徴税請負人化した国司の下で、郡司クラスの地方豪族や、里長クラスの有力農民などが、**開発領主**として大規模な土地開発を始めます。

　国司による徴税攻勢や圧迫、互いの争いのなどの中で武士化を進めた開発領主は、①国司方につかない場合、開発地を中央の貴族や自社に名目上寄進し、保護を求めるようになります。これが「不輸の権（免税権）」「不入の権（自治権）」を持つ寄進地系荘園で、開発領主たちは**荘官**となり、実質的な土地（荘園）支配権は確保します。それに対し、②国司方につく場合、武装した開発領主たちは**郡司・郷司・保司**となり、実質的な土地（公領〔国衙領〕）支配権は確保します。

　このように、荘園と公領で一国が編成されるようになり、どの土地にも必ず**武装した管理人**＝武士がいて、荘園領主や国司の下で年貢の徴収や治安維持に努める「荘園公領制」が、**11世紀**に確立したのです。

武士の台頭

	武士団の形成	武士の中央進出	武家政権の確立
時期	9世紀末〜10世紀	11世紀	**12世紀**
政治	天皇親政 **摂関政治**	**摂関政治** **院政**	**院政**と平氏政権 鎌倉幕府
出来事	**939 平将門の乱** 　　　**藤原純友の乱** 969　安和の変	**1019 刀伊の入寇** **1028 平忠常の乱** **1051 前九年合戦** **1083 後三年合戦** 1095　北面の武士	**1156 保元の乱** **1159 平治の乱** 1180　源平合戦 **1185 幕府成立**

荘園公領制の確立

要するに私有地と公有地が併存

◇初期荘園──8世紀半ば〜9世紀──

　ヤマト政権では「大王家は直轄地の**屯倉**と直属民の**名代・子代**、豪族は私有地の**田荘**と私有民の**部曲**を持つ」という**私地私民制**でした。それに対し**律令国家**の前提は「すべての土地と人民は天皇のもの」という**公地公民制**でしたが奈良時代に崩れます。722年の「百万町歩の開墾計画」が頓挫したことから、翌723年に三世一身法が出され、開墾地の私有を期限付きで公認しました。さらに743年に**墾田永年私財法**で私有を無期限に公認したことで私有地＝荘園が誕生します。772年には面積制限も撤廃され貴族・寺社による開発が増えていきますが、この初期荘園〔**墾田地系荘園**〕は税を徴収する**輸租田**なので、朝廷としては許容範囲でした。

　しかし**10世紀**には「律令国家」体制が崩れて「王朝国家」に変貌し、地方の政治が乱れ始めます。国司の権威の下で郡司が荘園領主に代わり運営していた初期荘園は、労働力を失い荒れ地になってしまうことも増えました。902年の**延喜の荘園整理令**で非合法荘園が停止されたこともあり、初期荘園の時代は終わります。

◇寄進地系荘園──10世紀後半──

　「延喜の治」の914年、三善清行が『意見封事十二箇条』を醍醐天皇に奏上し財政難と地方政治の実情を指摘しました。徴税請負人化した国司の下で郡司クラスの地方豪族や里長クラスの有力農民が**開発領主**として大規模な土地開発を始めており、律令体制は全く機能していません。

10世紀後半以降、国司の徴税攻勢や圧迫互いの争いの中で**武装**した開発領主は、①国司方につかない場合、開発地を中央の貴族や寺社に名目上寄進し、**領家**と仰ぎ保護を求めます。領家はさらに有力な皇族・摂関家・大寺社（＝権門勢家）に寄進して**本家**と仰ぎ保護を求めます。これが「不輸の権（免税権）」「不入の権（自治権）」を持つ寄進地系荘園で開発領主たちは 預所・下司・公文などの**荘官**となり、名目的な領家・本家（荘園領主）たちに対し実質的な土地（荘園）支配権は確保します。

それに対し、②国司方につく場合、**武装**した開発領主は**郡司・郷司・保司**となり、名目的な受領・遙任（国司）に対し実質的な土地（公領〔国衙領〕）支配権は確保します。

このように**荘園と公領**〔国衙領〕で一国が編成されるようになり、どの土地にも必ず**武装した管理人・実質的支配者**＝武士がいて、荘園領主や国司の下で**年貢・公事・夫役**の徴収・賦課や治安維持に努める「荘園公領制」が**11世紀**には確立したのです。

図3-2 **荘園公領制を5ランクの身分で把握！**

	荘園 （私有地）	公領〔国衙領〕 （公有地）
5 皇族・上級貴族 ※権門勢家	本家	知行国主
4 中下級貴族 ※大武士団の**棟梁**	領家	国司
3 地方武士 ※武士団の**主人・家子**	荘官	郡司・郷司・保司
2 有力農民 ※武士団の**郎党**	名主	名主
1 下級農民 ※武士団の**下人・所従**	作人や下人・所従	作人や下人・所従

武士団の成立とその利用

武士の登場は
皇族・貴族の自業自得

◇武士〔兵〕と武士団——10世紀——

　良馬の産地であった関東では、9世紀から「僦馬の党」と呼ばれる集団もいましたが、基本的に**武士の登場は10世紀**のイメージです。「律令国家」体制の崩壊にともない地方の治安は悪化。徴税請負人化した国司（現地赴任は受領、遥任の場合は目代）は、激しい圧迫・徴税攻勢をかけます。

　地方豪族（もと郡司クラス）や有力農民（もと里長クラス）が国司に対抗するために武装、一族の**家子・郎党**や従者の**下人・所従**を集め、**小武士団**を形成します。反対に、不輸・不入の権を持つ荘園領主に対抗するために、国司の子弟や在庁官人（もと郡司クラス）が国衙に組織され、**小武士団**を形成することもありました。

　関東・東北など辺境の地方では、**国司〔受領〕として**赴任した軍事貴族**が任期満了後も土着**。館を築き一族や地域の結びつきを強め、小武士団を統合し、**大武士団**を形成して**棟梁**となりました。平高望を祖とする**桓武平氏**、源経基を祖とする**清和源氏**、藤原清衡を祖とする**奥州藤原氏**は、大棟梁として特に有名です。

　朝廷は、中央では**滝口の武者**（宇多天皇が設置）や**検非違使**、地方では**押領使**や**追捕使**として、武士団を治安維持に利用します。また、貴族たちは、**侍〔家人〕**として個人的な身辺警護にも当たらせました。

　10世紀前半には、関東で**平将門**、瀬戸内海で**藤原純友**が反乱を起こし、11世紀前半の**刀伊の入寇**も含め、これらを鎮圧できたのは武士だったことから、中央政府の無力さと地方武士の実力を証明しました。

◇摂関家と結ぶ清和源氏の台頭と奥州藤原氏──東日本の勢力──

10世紀前半、清和天皇の孫にあたる経基王〔六孫王〕は、臣下に下り源経基を名乗りました。これが清和源氏の始まりです。941年、藤原純友の乱を鎮圧し、軍事貴族として名を上げた父に続いたのが、子の満仲です。**安和の変**（969年）で左大臣源高明（醍醐源氏）の排斥に協力し、摂関家に接近。摂津国多田荘に土着します。この「**摂津源氏**」を継いだのが長男の頼光で、藤原道長にも仕え、童話『酒呑童子』の鬼退治でも有名です。

弟の「**河内源氏**」頼信は、**平忠常の乱**（1028〜31年）を平定して**関東に進出**します。その子頼義は、陸奥守・鎮守府将軍として子の義家〔八幡太郎〕とともに**前九年合戦**（1051〜62年）を戦い、安倍氏を鎮圧して**東北に進出**。義家は**後三年合戦**（1083〜87年）で藤原〔清原〕清衡を助け、**東北を平定**しました。こうして、摂関家と結ぶ「河内源氏」の源義家が東国武士団全体の棟梁となり、その下で奥州藤原氏も成立したのです。

図3-3　小武士団の構造

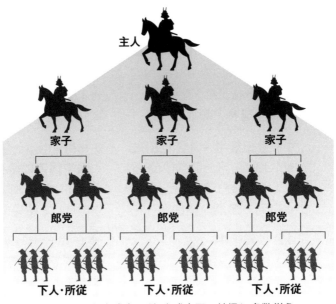

主人

家子　　家子　　家子

郎党　　郎党　　郎党

下人・所従　下人・所従　下人・所従

このような小武士団が、大武士団の棟梁に多数従う

院政と平氏政権

「朝廷の完成形」と
「地方武士出身の貴族政権」の登場。

　平安時代中期に「律令国家」体制を放棄し、後期に「王朝国家」として摂関政治が行われましたが、末期には**「朝廷の完成形」**の院政が確立します。荘園公領制を前提に、天皇・院・摂関ら伝統的な**公家勢力**、新興の**武家勢力**、双方と関係の深い**寺社勢力**が並立する中世の始まりです。摂関政治は、天皇に入内させた娘に男児が生まれるか、という偶然要素が強かったので、1068年、**外戚関係のない後三条天皇が即位して親政を始める**と、終わってしまいます。摂関家に仕え**東国**に勢力を誇っていた清和源氏は一転不遇な状況に陥り、**奥州藤原氏**に東北地方を任せ帰京することに。

図3-4　３つの政権のしくみ

	時　期	形　態
摂関政治	**10 世紀後半〜 11 世紀半ば** ※969 安和の変〜 　　1068 後三条天皇即位 ※**藤原道長・頼通**が全盛	天皇の外戚として摂政・関白 ※**法の枠内で公私混同的政治** ※本拠は京内の邸宅 ※「氏の長者」が実権掌握
院　政	**11 世紀後半〜 12 世紀末** ※1086 白河上皇が開始〜 　　1192 後白河上皇死去 ※**白河・鳥羽・後白河**	天皇の父や祖父として上皇 ※**法や慣習に縛られず専制** ※本拠は京外の**院庁** ※出家して法皇に
平氏政権	12 世紀後半 ※1167 平清盛太政大臣〜 　　1183 平氏の都落ち ※**平清盛**のち宗盛	地方武士出身の貴族政権 ※**一族で高位高官を独占** ※本拠は六波羅と福原の邸宅 ※出家して「入道相国」

1086年、幼い我が子に譲位した白河上皇は、郊外に建てた院庁で実権を握り続ける"治天の君"となりました。院政とは、「天皇の命令（詔勅・宣旨）や摂関家の命令（政所下文・御教書）よりも、上皇の命令（院庁下文・院宣）のほうが優先される政治」です。以後、白河・鳥羽・後白河の三上皇（のち出家して法皇）は、摂政・関白を抑えて院政を行います。

　院に仕え西国に勢力を誇ったのが、桓武平氏です。白河上皇の北面の武士となった祖父の正盛、鳥羽上皇の院庁別当となった父の忠盛の後を受け、1156年の保元の乱、1159年の平治の乱に連勝、後白河上皇の院近臣の最有力者として台頭した平清盛は、1167年に武士出身者として初の太政大臣に就任し、皇室や摂関家と外戚関係を結び「地方武士出身の貴族政権」を築き上げます。しかし、1177年の鹿ケ谷の陰謀以降、急速に独裁色を強めすぎ、公家・寺社勢力や清和源氏を一斉に敵に回してしまい、長持ちしませんでした。

命　令	経済基盤	武　力
政所下文・御教書 ※太政官符なども	律令官人としての収入 ※院政以降は知行国から 荘園〔殿下渡領〕からの収入 成功による収入	清和源氏など
院庁下文・院宣	知行国（院分国）からの収入 荘園からの収入 ※八条院領や長講堂領 成功による収入	桓武平氏など ※北面の武士
太政官符など	約30の知行国からの収入 約500の荘園からの収入 成功による収入 日宋貿易の収入	西国武士を家人化

第1章・原始
第2章・古代
第3章・中世
第4章・近世
第5章・近代
第6章・現代

院政の展開

枠外の存在として
三上皇が専制

◇後三条天皇の親政──摂関政治の終わり──

　後冷泉天皇に入内した藤原氏の娘に皇子が生まれないまま、1068年、**摂関家を外戚としない**後三条天皇が即位し、**親政**を始めました。早期に白河天皇に譲位して皇統を独立させたこともあり、当時の藤原教通（道長の子、頼通の弟）までで**摂関政治は終了**します。

　1069年、**延久の荘園整理令**が出て、同時に**記録荘園券契所**〔記録所〕も設置されて、蔵人所の蔵人とともに記録所の寄人（大江匡房ら）が天皇側近となりました。摂関家の荘園も例外扱いしない姿勢で**天皇権威が回復**し、公領〔国衙領〕を管轄する**国司**〔受領・遙任〕**層の台頭**を促しました。

◇院政の展開──「朝廷の完成形」──

　1086年、白河天皇は幼少の堀河天皇に譲位し、上皇〔太上天皇〕として郊外の院庁から内裏の天皇を後見し、実権を握り続けました。院政は、「天皇や摂関家の命令より上皇の命令（院庁下文・院宣）が優先される政治」で、白河・鳥羽・後白河の三上皇（出家後は**法皇**と呼ぶ）は、**律令の枠外の "治天の君" として、法や慣例にこだわらず専制政治を行いました。**藤原氏は、摂関の地位には就いても以前のようにはいかず、院と結びつくことで勢力の衰退を盛り返そうとします。

　院庁では、中・下級貴族（受領層）、后妃・乳母の一族などが**院近臣**として仕え、白河上皇は「**北面の武士**」も設置して、桓武平氏などの武士団も登用されました。

◇院の仏教保護──財政難と僧兵の強訴──

　三上皇は出家して法皇となり、**六勝寺**(法勝寺など6寺)をはじめとする造寺造仏、**高野詣・熊野詣**などの寺社参詣、盛大な法会などに執心しました。院の収入は、荘園や**知行国**(国司任命権を持つ国)からの年貢、院近臣からの成功(寄付金)を中心に莫大でしたが、さすがに**財政難**を招きます。また、過保護となった寺社勢力が堕落し、横暴も激しくなってきました。寺社どうしの対立や国司との紛争、自らの権威誇示のため、大寺社は武装した下級僧侶・神職を雇用しました。これが**僧兵**です。

　興福寺の僧兵(奈良法師)は春日大社の神木を掲げ、延暦寺の僧兵(山法師)は日吉神社の神輿を担ぎ、それぞれ京内に乱入し院・天皇・摂関家に対し**強訴**を行いました。他に園城寺〔三井寺〕の僧兵(寺法師)もあり、仏罰・神罰を怖れた**皇族・貴族は、桓武平氏や清和源氏などの地方武士に僧兵の鎮圧を任せます**。これが武士の中央進出の契機となったのです。

図3-5　院政関係略図

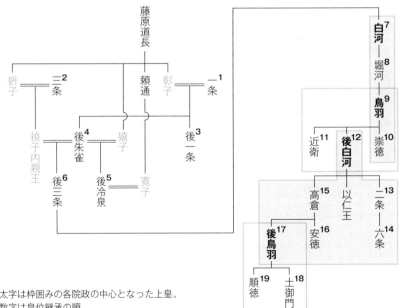

太字は枠囲みの各院政の中心となった上皇、
数字は皇位継承の順

平氏政権

あくまでも地方武士
出身の貴族政権

◇院と結ぶ桓武平氏の台頭──西日本の勢力──

　10世紀前半、桓武天皇のひ孫にあたる高望王は、臣下に下り**平高望**を名乗りました。これが桓武平氏の始まりです。関東を主な勢力範囲としていましたが、身内の同士討ちとなった**平将門の乱**（939〜940年）と、源頼信に平定された**平忠常の乱**（1028〜31年）を経て、**関東の主役は摂関家と結ぶ清和源氏に交代**してしまいます。

　清和源氏の全盛期は、東北における前九年合戦（1051〜62年）と後三年合戦（1083〜87年）で活躍した「河内源氏」源義家〔八幡太郎〕の頃でした。しかし、1086年に白河上皇が院政を始めると、京や西日本で**院と結ぶ桓武平氏**、特に「**伊勢平氏**」の一族が勢力を伸ばします。

　白河上皇に北面の武士として仕え、中央に進出したのが**平正盛**です。出雲国（島根県東部）では、源義家の子で清和源氏の棟梁であった義親の反乱を鎮圧しています。子の**忠盛**は、瀬戸内海の海賊討伐に活躍、日宋貿易も始めて西国の国司を歴任し、**鳥羽上皇**の院庁別当となります。孫の清盛は、**保元の乱**（**1156年**）、**平治の乱**（**1159年**）に連勝し、信西〔藤原通憲〕に代わり**後白河上皇の院近臣筆頭**に躍り出ます。日宋貿易を大規模に展開し、**1167年**には武士出身者として初の太政大臣に就任しました。

◇平氏政権──地方武士出身の貴族政権──

　平清盛は、武力で後白河上皇（のち法皇）を支え、財力で蓮華王院を造営するなどの結果、**一族で高位高官を独占**するまでの勢力に至りました。

　強大化の背景は、①畿内・西国武士団を家人化した「武士的側面」、②皇室・摂関家への外戚政策や荘園・知行国を経済基盤とした「貴族的側面」、③大輪田泊の修築・音戸の瀬戸の開削・厳島神社の崇拝を行い**日宋貿易を展開**した「商人的側面」が揃ったことです。地方武士出身ながら上級貴族としての性格が強く、膨大な経済基盤がその勢力を後押ししました。

◇平氏政権の動揺──反平氏勢力の結集──

　「此一門にあらざらむ人は皆人非人なるべし」という『平家物語』の一節に象徴されるように独裁傾向が強まると、後白河法皇や他の院近臣との対立は激しくなり、伝統勢力である皇族・摂関家・大寺社ばかりか、地方武士の反感も強くなりました。**鹿ケ谷の陰謀**（**1177年**）時に一度は見逃した後白河法皇と、1179年、子の**重盛**の死に際し対立を深め、鳥羽殿に幽閉し**院政を停止して反対派貴族を処分**。1180年に**孫の安徳天皇を即位させた**ことは反対勢力の結集を促し、没落を早めることにつながりました。

図3-6　平氏略系図

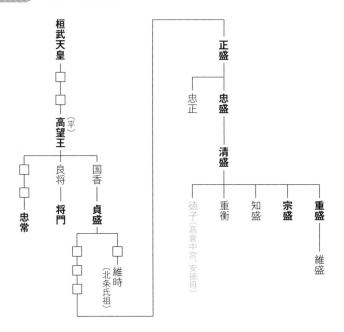

90秒
スタディ！
平安時代
末期

ようやく地方も
文化に参加

◇院政期の文化の特色──対象を広げた文化──

平安時代末期の文化を、院政期の文化と呼びます。**武士・庶民とその背景にある地方文化を導入**した日本独自の貴族文化で、今様・田楽・猿楽などの**民間芸能が流行**し、文化の庶民性も高まりました。

宗教関係では、寺院に所属しない**聖・上人による浄土教〔浄土信仰〕の布教**と、それを受け入れる地方武士の台頭により、**中央の浄土教文化が地方に波及**します。都やその周辺（畿内）だけでなく、九州から東北まで、さまざまな地方が文化史に初登場したのです。

◇平泉文化──奥州藤原氏の繁栄──

出羽国（秋田県・山形県）の清原氏の家督争いに、清和源氏の源義家〔八幡太郎〕が介入した後三年合戦（1083～87年）を経て、東北＝奥州を支配するようになったのが、藤原（もと清原）清衡です。彼が初代となった奥州藤原氏は、**陸奥国**（青森県・岩手県・宮城県・福島県）の岩手県平泉を中心に強大な勢力を誇るようになります。その要因は、①良馬の産地であったこと、②金が産出したこと、③日本海経由で大陸との交易が可能だったことで、その経済力で**京都の文化を導入**し、**平泉文化**が栄えました。

初代清衡は**金色堂**で有名な中尊寺、2代基衡は浄土式庭園で有名な毛越寺、3代秀衡は宇治の平等院を模した無量光院を建てました。しかし、4代目の候補だった泰衡は、鎌倉幕府の源頼朝の圧力に屈し、匿っていた源義経を殺害し、それを契機に奥州藤原氏は滅亡しました。

◇絵画と物語の発展——絵巻物・装飾経と軍記物語の登場——

　絵画では、日本独自の大和絵と詞書を織り交ぜて時間の進行を表現する**絵巻物**が登場しました。代表的なものは『**源氏物語絵巻**』『**伴大納言絵巻**』『**信貴山縁起絵巻**』などです。ただし、『**鳥獣戯画**』は詞書がなく、軽妙かつ風刺的な絵巻物で、漫画の元祖とも言われています。また、写経の背景に大和絵を描いた**装飾経**も登場します。扇形の『**扇面古写経**』や、平清盛が安芸国（広島県西部）の厳島神社に奉納した『**平家納経**』が有名です。

　文芸では、後白河上皇が民間の流行歌謡である今様を集めた『**梁塵秘抄**』が、庶民文化を取り入れた歌集として特徴的です。武家文化を取り入れた物としては、『**将門記**』『**陸奥話記**』などの**軍記物語**が登場しました。当時の皇族や貴族が、地方の動きや武士・庶民の姿に関心を持っていたことを示す貴重な戦記です。また、日本だけでなく天竺〔インド〕・震旦〔中国〕も含める1000余りの説話を収めた『**今昔物語集**』も、この時代の物です。

図3-7　院政期文化の各分野重要ベスト3！

建　築	1	中尊寺金色堂（岩手県平泉）
		※**奥州藤原氏**の初代**藤原清衡**が建立
	2	白水阿弥陀堂　（福島県いわき）
	3	富貴寺大堂　（大分県豊後高田、九州最古の建築物）
絵巻物	1	源氏物語絵巻　（藤原隆能？）
		※引目鉤鼻・吹抜屋台が2大技法
	2	伴大納言絵巻　（常盤光長？　応天門の変を描く）
	3	鳥獣戯画　（伝鳥羽僧正）
文　芸	1	『今昔物語集』（説話集）
		※鎌倉期の『宇治拾遺物語』はこれの補完
	2	『大鏡』　（歴史物語、"四鏡"の最初）
		※続く3つは『今鏡』『水鏡』『増鏡』（南北朝時代に完成）
	3	『将門記』　（初の軍記物語）

武家政権の確立

「東日本中心の武家政権」の勢力拡大と、
朝廷・寺社勢力との並立。

　1180年に挙兵した源頼朝は、従弟の源義仲と競い、弟の範頼・義経に源平合戦を戦わせつつ、鎌倉で着々と「東日本中心の武家政権」づくりを進めました。1185年、壇の浦で平氏が滅亡した直後、朝廷から守護・地頭の任命権を得て、鎌倉幕府が成立します。1189年、奥州藤原氏を平定し、翌年上洛して後白河法皇から右近衛大将に任じられますが、関東常駐を重視して固辞。法皇が死去した1192年、関東・東北に影響力が強い征夷大将軍となりました。全国政権・西日本中心の朝廷と、地方政権・東日本中心の幕府による「公武二元支配（＋寺社）」がスタートしたのです。

図3-8　鎌倉武士政権の盛衰

	時　期	形　態
源平合戦	1180 ～ 1185 年	桓武平氏を破る
将軍独裁政治	12 世紀末 ※1185 鎌倉幕府成立～ 　1199 頼朝の死	初代将軍源頼朝の独裁 ※個人的カリスマ性に頼る ※合議なし
承久の乱	1221 年	後鳥羽上皇・順徳上皇を破る
執権政治	13 世紀前半～後半 ※1192 後白河上皇死去 　1203 比企氏の乱～	北条氏中心の有力御家人連合 ※執権と連署が中心 ※公的な評定で合議
元寇	1274 ～ 81 年	元・高麗・南宋を撃退
得宗専制政治	13 世紀末～ 14 世紀前半 ※1285 霜月騒動～ 　1333 鎌倉幕府滅亡	得宗と御内人による専制 ※得宗と内管領が中心 ※私的な寄合で合議
元弘の乱	1331 ～ 33 年	最後の得宗北条高時が自滅

「御恩」と「奉公」という、土地を仲立ちにした命懸けの主従関係である封建支配の下で、鎌倉時代の政治は3期に分かれます。①将軍独裁政治は、初代将軍源頼朝による独裁で、補佐の執権すら存在しませんでした。頼朝の死後、わずか3代で源氏将軍は途絶えます。1221年、2代執権北条義時を中心とする幕府は、後鳥羽上皇を中心とする朝廷を破り、西日本に勢力を伸ばします（＝承久の乱）。②執権政治は、執権北条氏を中心とする有力御家人連合です。評定における合議制（執権＋連署＋評定衆）と御成敗式目による法治主義を採用した、個人のカリスマ性に頼らない形態です。とはいえ、摂家将軍のち皇族将軍を補佐する執権・連署を代々輩出する北条氏の力は突出しており、2度の蒙古襲来〔元寇〕後に展開される③得宗専制政治は、北条氏本家の当主である得宗が、直属家臣の御内人（筆頭は内管領）と私邸で寄合を開き、専制します。恩賞が出ず困窮する中、永仁の徳政令も焼け石に水で、北条氏以外の御家人の不満は高まりました。

第1章・原始
第2章・古代
第3章・中世
第4章・近世
第5章・近代
第6章・現代

将　軍	執　権	幕府と朝廷の状況
初代源頼朝 ※源氏将軍	なし	東国（関東＋東北）中心 ※京都守護が朝廷に協力
4代藤原（九条）頼経～ 7代惟康親王 ※摂家将軍と親王将軍	2代北条義時～ 8代北条時宗	西国にも進出 ※六波羅探題が朝廷を監視 ※御成敗式目を制定
8代久明親王～ 9代守邦親王 ※親王将軍	9代北条貞時～ 16代北条守時	九州にも大きく進出 ※鎮西探題を設置 ※皇位継承に幕府が介入

将軍独裁政治と執権政治

カリスマの
死後が難しい

◇源平合戦——平氏の滅亡と鎌倉幕府の成立——

　平治の乱（1159年）に敗れた後、伊豆国（静岡県東部）に流されていた「河内源氏」の棟梁源頼朝は、**1180年に平氏打倒のため挙兵**します。先に京都で挙兵した以仁王と「摂津源氏」源頼政に呼応したのです。妻である北条政子の父、時政ら東国武士を味方につけ、①石橋山の戦い（1180年）で平氏方に敗れ、②富士川の戦い（1180年）で平氏方に勝ち、③平清盛が京都で病死し（1181年）、④**後白河法皇に東国支配権を承認**され（1183年）、⑤宇治川の戦い（1184年）で源義仲に勝ち、⑥一の谷の戦い（1184年）で平氏方に勝ち、⑦屋島の戦い（1185年）で平氏方に勝ち、⑧**壇の浦の戦い**（1185年）で安徳天皇らが入水自殺し、**平氏は滅亡**しました。

　そして同じ1185年、**守護・地頭の任命権**を得て、鎌倉幕府が成立しました。頼朝は、1189年には**奥州藤原氏を平定**し、翌年上洛して後白河法皇から右近衛大将に任じられますが、まもなく辞退。法皇が死去した**1192年**、後鳥羽天皇から征夷大将軍の宣下を受けました。頼朝が存命中の幕府は、**侍所・政所・問注所**のみで、執権すら置かれず「**将軍独裁政治**」でした。その他、東北に奥州総奉行、都に京都守護、九州に鎮西探題がありました。

◇執権政治——北条氏を中心とする有力御家人連合——

　初代将軍頼朝の死後、周囲は動揺しました。**2代将軍頼家、3代将軍実朝**は頼朝と北条政子〔**尼将軍**〕の子ですが、**御家人**たちと共に苦労してきたわけではありません。そこで、彼らの祖父である**北条時政が初代執権**、

叔父の**義時が2代執権として将軍を補佐**するようになります。北条氏は桓武平氏出身の地方武士ですが、頼朝の外戚として孫や甥の補佐をすることに違和感はありません。1219年に3代将軍実朝が甥の公暁に殺害され**源氏将軍**が途絶えても、幕府は北条氏を中心とした有力御家人連合として維持されました。これを「**執権政治**」といい、承久の乱（1221年）で後鳥羽上皇率いる朝廷方を破った後、**3代執権泰時**の頃に確立されます。

「執権政治」の仕組みは、①鎌倉に形だけでも将軍（**摂家将軍**のち**皇族将軍**）がいて、②それを補佐する**執権**と**連署**（副執権）に北条氏が就き、③**評定衆**という11名（のち14〜15名）の有力御家人とともに、合議である「**評定**」を開き、④それらは御成敗式目という頼朝以来の「**先例**」と武家社会の「**道理**」に基づいた**初の武家法典**に沿って、運営されていきます。

　将軍のいる鎌倉には幕府、朝廷のある京都には**六波羅探題**（もと京都守護）があり、武家が西日本に勢力を伸ばしつつも、天皇・上皇・公家や寺社も権威を維持している。それが鎌倉時代の基本形でした。

図3-9　鎌倉幕府の機構

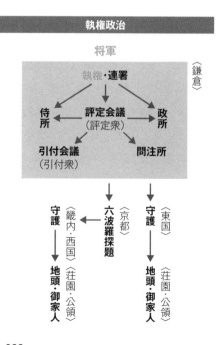

侍所と政所の長官は「別当」
問注所の長官は「執事」

083

蒙古襲来と得宗専制政治

御恩がなければ
奉公せず

◇蒙古襲来〔元寇〕──末法思想からの解放──

　13世紀初め、**チンギス゠ハン**が蒙古民族を統一して**モンゴル帝国**を建国します。1234年、2代皇帝オゴタイは、中国北部の**金**を滅ぼし、以後、ユーラシア大陸の東西にまたがる大帝国へ成長します。

　日本では、**3代執権北条泰時**の下で「執権政治」が軌道に乗り、**5代執権時頼**が、名越光時の乱〔宮騒動〕（1246年）と宝治合戦（1247年）を経て、4代藤原（九条）頼経・5代頼嗣の摂家〔藤原〕将軍を追放しました。代わりに友好的な後嵯峨上皇から皇族〔親王〕将軍として6代宗尊親王を迎え、朝幕関係は安定期に入っていました。

　1271年、モンゴル帝国5代皇帝**フビライ**は、中国エリアの国号を**元**とし、首都をカラコルムから**大都**（現在の北京）に遷して初代皇帝「世祖」となります。征服した朝鮮半島の**高麗**を通じ、すでに日本に対し服属を要求してきていましたが、8代執権北条時宗は、これを拒否します。

　文永の役（1274年）と**弘安の役（1281年）**の2度にわたる蒙古襲来〔元寇〕は、敵軍の内輪揉めや**御家人の奮戦**に加え、暴風雨（神風？）の影響もあり、日本が大軍を撤退させました。朝幕関係が安定し、挙国一致体制で統率が取れたことが大きかったようです。朝廷の許可を得て**非御家人も動員**し、公家・寺社支配下の荘園・公領からも物資を調達していました。

　思わぬ失敗に対し、中国南部の**南宋**も滅ぼしていたフビライは、3度目の遠征も計画していましたが、ベトナム〔陳朝〕の抵抗や国内情勢の悪化もあり、結局実施されませんでした。

◇得宗専制政治──得宗と御内人による専制──

　元寇の影響は３つあります。①**鎌倉幕府・執権北条氏の支配力が強大化**したこと、②"神風"で**神国思想が広まり末法思想から解放**されたこと、③**御家人の窮乏と没落**が激しくなったことです。

　恩賞の不十分と警戒体制維持のための自己負担分に苦しむ御家人に対し、北条氏本家の当主である**得宗**が、直属家臣の**御内人**（筆頭は**内管領**）と私邸で**寄合**を開き、評定における合議を無視した「**得宗専制政治**」が展開されます。特に**９代執権北条貞時**は、霜月騒動（1285年）と平禅門の乱（1293年）を経て強大化しています。焼け石に水だった**永仁の徳政令**（1297年）以後、**分割相続の繰り返しによる所領の細分化**や、宋銭・元銭の輸入増加による貨幣経済の進展と出費の増大などを受け、御家人の窮乏化は激しくなります。将軍がお飾り状態の中で、**御家人たちの精神的・経済的不満を吸収できるのは、もはや朝廷の天皇しかいませんでした。**

図3-10　北条氏の略系図

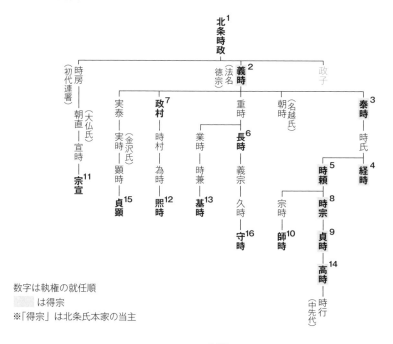

数字は執権の就任順
　　　は得宗
※「得宗」は北条氏本家の当主

鎌倉文化

過去好きの公家と
今しか見ない武家

◇鎌倉文化の特色──初の公武二元文化──

　鎌倉時代の文化を、そのまま鎌倉文化と呼びます。平安時代までの公家の伝統文化を受け継ぎつつ、**武家や庶民にも支持された公武二元文化**です。鎌倉幕府が成立・拡大し、公家から武家への政権の移行を認めざるを得ない状況の中、慈円が初の歴史哲学書『愚管抄』を著すなど**歴史的意識が高まり**、先例・儀式が重視されました。また、八代集の最後として技巧的・観念的な表現を駆使した**新古今調**の『**新古今和歌集**』が編纂されています。

　反面、彫刻や絵画の分野では、武家の時代を反映した**素朴で力強い写実的な側面を持つ文化**でもあります。運慶・快慶ら**慶派の奈良仏師**の作品や、**似絵・頂相**などの肖像画にその特色が強く見られます。また、中国の南宋・元や朝鮮半島の高麗とは私的な交流があり、禅宗や朱子学、建築（和様以外の**大仏様・禅宗様**〔唐様〕・**折衷様**）など大陸の影響も強いです。

◇鎌倉新仏教──仏教を武士・庶民へも開放──

　奈良仏教の南都六宗、平安仏教の天台宗・真言宗に対し、鎌倉時代には鎌倉新仏教が成立しました。朝廷に加え幕府という武家政権が成立し、諸産業が発達した鎌倉時代には、**新興勢力である武士・庶民の救済要求に応えることのできる教え**が必要となります。鎌倉新仏教の特色は、**易行・選択・専修**の3つで、誰もが理解し実践できたことから、**全国のあらゆる階層に仏教が浸透**しました。

　新仏教は6宗派ありますが、大きく3つに整理できます。まず、①**念仏**

「南無阿弥陀仏」を唱えて阿弥陀如来にすがり、来世での極楽浄土への往生を目指す他力の念仏宗（法然の浄土宗・親鸞の浄土真宗〔一向宗〕・一遍の時宗）に対し、②坐禅による自力の悟りを目指す禅宗（栄西の臨済宗・道元の曹洞宗）があります。その他に、③題目「南無妙法蓮華経」を唱えることにより現世での浄土の実現を目指す、日蓮の法華宗〔日蓮宗〕も強力に布教を推進しました。

　新仏教の興隆は、旧仏教の革新を進めます。南都六宗のうち消えずに残っていた法相宗・華厳宗・律宗の3宗派は、戒律の尊重を唱えて社会事業も実施します。朝廷と結びつきの深い天台宗・真言宗は、原始的山岳信仰と融合し、山伏たちの修験道を隆盛させました。また、奈良時代以来の神仏習合はさらに進みましたが、伊勢外宮の神官度会家行は、従来の本地垂迹説に対し反本地垂迹説〔神本仏迹説〕を唱え、『類聚神祇本源』を著して、元寇後に伊勢神道を確立しました。本地垂迹説を唱える山王一実神道（天台系）、両部神道（真言系）と対立しつつ、神国思想を支えていきます。

図3-11　鎌倉文化の各分野重要ベスト3！

建 築	1	蓮華王院本堂〔三十三間堂〕（京都、和様）
		※他の和様に石山寺多宝塔（近江国）がある
	2	東大寺南大門（奈良、大仏様）
	3	円覚寺舎利殿（鎌倉、禅宗様〔唐様〕）
	☆	観心寺金堂（河内国、折衷様）のような建築様式もある
彫 刻	1	東大寺南大門金剛力士像〔阿形像・吽形像〕（運慶・快慶ら慶派）
	2	蓮華王院千手観音坐像（湛慶）
	3	六波羅蜜寺空也上人像（康勝）
文 芸	1	『方丈記』（鴨長明）と『徒然草』（兼好法師）
		※隠者文学の双璧をなす随筆
	2	『新古今和歌集』（勅撰和歌集"八代集"の最後）
	3	『平家物語』（信濃前司行長？）
		※琵琶法師により平曲として語られた軍記物語

全国的武家政権の確立と衰退

「全国的武家政権」の成立と、
朝廷・寺社勢力との融合の失敗。

　室町時代には、朝廷と同じ**京都に幕府**があったことから、初の「**全国的武家政権**」が確立します。それが**足利将軍家**を中心とする、室町幕府です。鎌倉時代の「公武二元支配」と「荘園公領制」が事実上崩壊し、**西日本は室町幕府**（将軍〔公方〕＋管領）の、**東日本は鎌倉府**（鎌倉公方＋関東管領）の下に集う**守護大名が分割統治**するようになりました。ただし、天皇・院・摂関を中心とする**朝廷**や伝統的な**寺社**も権威は維持しており、また、国人と呼ばれた地方武士や、土民と呼ばれた庶民、浄土真宗〔一向宗〕・日蓮宗などの**一揆も多発**し、大混乱の時代となります。

図3-12　南北朝～戦国時代の武士政権

	時　期	形　態
南北朝時代	**14世紀半ば** ※1336 南北朝成立～ 　1368 3代義満就任	南北朝の争乱 ※北朝＝京都の朝廷・足利幕府成立 ※南朝＝吉野の朝廷
北山時代	**14世紀後半～15世紀初め** ※1378 花の御所造営～ 　1404 日明貿易開始	3代将軍足利義満の独裁 ※室町幕府確立 ※有力守護大名の圧伏
東山時代	**15世紀前半～半ば** ※1428 正長の徳政一揆～ 　**1467 応仁の乱**	将軍を中心とする守護連合 ※**6代義教の専制** ※**8代義政の失政**
戦国時代	**15世紀後半～16世紀半ば** ※1493 明応の政変～ 　**1573 室町幕府滅亡**	戦国の争乱 ※**下剋上の時代** ※**戦国大名の活躍**

　鎌倉幕府を倒した後醍醐天皇による「建武の新政」を経て、**1336年**からは全国が**南朝方（大覚寺統の皇室）**と**北朝方（持明院統の皇室＋幕府）**に分かれて60年近くも戦います（＝**南北朝時代**）。**1392年**、南北朝を合一したのは**3代将軍足利義満**でした。義満は、幕府体制を確立し、有力守護大名を圧伏し、太政大臣に就任し、日本国王として**日明貿易**まで開始しましたが、これは例外。**室町幕府は足利氏を中心とする有力守護大名連合に**すぎませんでした。鎌倉公方の足利持氏が**永享の乱**（1438〜39年）で討たれ、6代将軍足利義教が**嘉吉の変**（1441年）で殺害されると、京都・鎌倉で両公方を失った幕府の支配体制は大きく動揺します。

　享徳の乱（1454〜82年）で関東、**応仁の乱**（1467〜77年）後は全国に戦乱が広がり、**約100年**にわたり公家・武家・寺社など全勢力が生き残りをかける「**下剋上**（下が上に剋つ）」の時代に突入したのです（＝**戦国時代**）。もとの身分などもはや関係なし、実力主義のガチンコ勝負が展開されます。

将　　軍	主な補佐	他の出来事
初代尊氏〜 **2代義詮**	足利直義 執事高師直	1336 建武式目制定 **1338 尊氏将軍就任** 1350 観応の擾乱
3代義満〜 **4代義持**	管領細川頼之 管領斯波義将	1391 明徳の乱 **1392 南北朝合一** 1394 足利義満太政大臣就任
6代義教〜 **8代義政〜** **9代義尚**	管領畠山満家 **管領細川勝元** 管領畠山政長	1438 永享の乱 **1441 嘉吉の乱** 1454 享徳の乱
11代義澄〜 **13代義輝〜** **15代義昭**	管領細川政元 管領細川晴元 **織田信長**	1532 法華一揆 1565 松永久秀が13代義輝殺害 **1568 織田信長が入京**

建武の新政と南北朝時代

天皇親政は夢まぼろし

◇鎌倉幕府の滅亡── 後醍醐天皇の下へ各勢力が結集──

14代執権で最後の得宗でもあった**北条高時**は、政務を放棄して田楽・闘犬にふけり、内管領長崎高資の専横と賄賂政治が、御家人たちの反発を招いていました。

朝廷では、後深草天皇系の**持明院統**と亀山天皇系の**大覚寺統**に皇統が分かれて対立、幕府が仲介した文保の和談（1317～18年）で10年ごとの両統迭立が決まりました。しかし、大覚寺統の後醍醐天皇は、皇位継承の決定権を幕府から取り戻そうします。**正中の変**（1324年）、**元弘の変**（1331年）と2度のクーデタに失敗して退位に追い込まれ、持明院統の**光厳天皇**が幕府によって擁立されます。翌年、隠岐諸島に流された後醍醐は何と脱出に成功。各所に手紙を書き、有力御家人や畿内の悪党（主人のいない武士）、子の護良親王らを結集します。その結果、足利高氏らが京都の六波羅探題を、**新田義貞**らが鎌倉幕府本体を攻め、**1333年に幕府は滅亡**しました。

◇建武の新政──公家政治と武家政治の折衷──

後醍醐天皇から「尊」の字を賜った足利尊氏や弟の直義は幕府継続を願いましたが、復位した後醍醐天皇は、院・摂関・幕府を廃止して**親政**を行います。これが建武の新政（1333～36年）です。ただし、国司・守護の並置に見られるように、**実質は公家政治と武家政治の折衷**でした。また、①京都に天皇直属の**記録所・雑訴決断所・恩賞方・武者所**（頭人は新田義貞）が置かれましたが、②関東に足利氏の勢力である**鎌倉将軍府**、③東北

に護良親王の勢力である**陸奥将軍府**が置かれ、権力は３分されていました。

1335年、北条時行（高時の子）が鎌倉で起こした**中先代の乱**の鎮圧を契機に、足利尊氏が建武政権に対し反乱を決意、幕府の再興を図ります。

◇南北朝時代—— 60年近くにわたる争乱——

1336年、悪党出身の忠臣 楠 木正成を**湊川の戦い**で失った後醍醐天皇は、大和国（奈良県）の吉野に脱出して**南朝**（**大覚寺統**）を建てます。そして、**足利幕府**を建てた尊氏らが京都で擁立した光 明 天皇の**北朝**（**持明院統**）と60年近くも争う、**南北朝時代**になりました。

苦戦しながらも抵抗を続ける南朝の粘りと、**観応の擾乱**（1350～52年）など北朝の内紛もあり、**動乱は長期化・全国化**します。このように、鎌倉幕府滅亡→建武の新政→南北朝の争乱（足利幕府成立）と動乱が続く中、「**婆娑羅**」という伝統的権威を無視する派手好みの風潮が流行し、これが後の「下剋上」へと発展していくのです。

図3-13 建武政府の職制

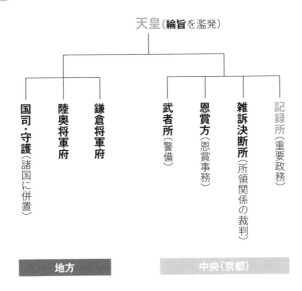

公家政治と武家政治の折衷

第1章・原始

第2章・古代

第3章・中世

第4章・近世

第5章・近代

第6章・現代

北山時代

強すぎた3代将軍

◇室町幕府──将軍を中心とする守護大名連合──

　鎌倉幕府と室町幕府は、基本法典がともに御成敗式目ということからも、本来は継続性があります。畿内を中心とする南北朝の争乱がなければ、将軍家の本拠地が下野国（栃木県）の足利という点を考えても、幕府は鎌倉に置かれ続けたはずでした。

　鎌倉時代、鎌倉の幕府と京都の六波羅探題は、類似した機能を持っていました。同様に、**1336年の建武式目**制定、**1338年の足利尊氏征夷大将軍**就任で名実ともに成立した京都の足利幕府も、東国に鎌倉府を持ちました。足利幕府の将軍〔公方〕は、基本的には**守護連合の頂点**に過ぎず、管領となった足利氏一門の**三管領**（細川・斯波・畠山）や、侍所の長官である**四職**（山名・赤松・一色・京極）らの補佐を受けました。鎌倉府にも、尊氏の子の**基氏**以来、足利氏が世襲する鎌倉公方と、上杉氏が世襲する関東管領がいて、京都の幕府と類似した機能を備えていました。他に奥州探題・羽州探題・九州探題も設置されましたが、ほぼ名ばかりで、各国は守護が統括していました（数カ国の兼任も可）。

　西国の守護は京都の幕府、東国の守護は鎌倉府で政治に参加したことから、領国には守護所を置き**守護代**に支配を任せます。**半済令**や**守護請**といった新制度を通じて経済力をつけ、**国人**と呼ばれた地方武士と主従関係を結び、領国内に独自の守護法を制定した室町時代の守護は、鎌倉時代の守護と区別するため、近代以降の学者から守護大名と呼ばれました。もはや国司・知行国主・荘園領主は有名無実化していたのです。

◇北山時代──3代将軍足利義満──

　3代将軍足利義満は、父の2代義詮の急死に伴い、10歳で将軍に就任しました。当初は初代管領細川頼之の補佐を受けましたが、彼の罷免後は権力を強めます。1378年、**室町**に「**花の御所**」と呼ばれる将軍邸を建て、以後、足利幕府は室町幕府と呼ばれるようになります。室町幕府は、京都の施政権・諸国からの税の徴収権・外交権など朝廷が保持していた権限も吸収したことから、「**公武を統一した初の全国政権**」とも言えます。

　1392年、義満は南北朝を合一し、2年後には将軍職を子の**4代義持**に譲り太政大臣に就任。初の公武に渡る最高権力者となります。出家後は仏教界にも権勢を振るい、北山山荘には金閣も造営しました。この「**北山時代**」の室町幕府は、土岐康行・山名氏清・大内義弘などの有力守護大名を武力で圧伏し、日本国王として明の皇帝から冊封されるなど「**足利義満の独裁政権**」と考えてもよいくらいです。

図3-14　室町幕府の機構

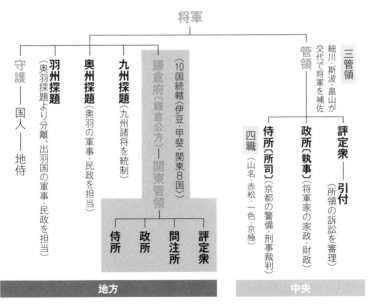

将軍・鎌倉公方を中心とする有力守護連合

東山時代

弱すぎた8代将軍

◇室町幕府の安定期と専制期 ── 4代将軍義持と6代将軍義教 ──

4代将軍足利義持の時期は、将軍と守護大名の勢力が均衡し、幕府は連合政権的性格を強めます（＝安定期）。しかし関東では、**鎌倉公方足利持氏**の要請を受けた幕府が、前関東管領上杉禅秀〔氏憲〕を討伐する上杉禅秀の乱（1416～17年）が起きました。また、5代義量が早逝した後も、失意の父義持が実権を握り続け、後継を決めないまま死の床に就いたことから、幕府は不安定になります。

神前のくじ引きで選ばれ、6代将軍に就任したのは、義持の弟の義教です。彼は、**将軍権力強化のため他勢力を強烈に圧迫**します（＝専制期）。**永享の乱**（1438～39年）では、関東管領上杉憲実と結び、鎌倉公方足利持氏を討伐し、続く結城合戦（1440～41年）では、持氏の子（春王丸・安王丸）を擁立した結城氏朝を討伐しました。しかし**1441年**、義教は播磨国守護の赤松満祐に、京都で謀殺されてしまいます（＝**嘉吉の変**）。この後すぐ、赤松と同じ四職の山名持豊（のち宗全）が出陣し、これを討伐しますが（＝**嘉吉の乱**）、京都・鎌倉の両公方を失った幕府の権威は大きく揺らぎました。**7代将軍義勝**は7歳の少年で、しかも2年後に亡くなってしまいます。

◇東山時代 ── 8代将軍足利義政 ──

義勝の弟、8代将軍足利義政は、正室の日野富子らに主導権を握られて政務も放棄し、**東山山荘の銀閣**など造営事業の浪費も激しく、その在任中に、関東で**享徳の乱**（1454～82年）、京都で**応仁の乱**（1467～77年）とい

う東西の大戦乱を引き起こしてしまいます（＝失政期）。

特に応仁の乱は、**将軍家と管領家の斯波氏・畠山氏それぞれの家督相続争い**が、細川勝元（東軍）と山名宗全（西軍）の下に結集した、11年にも及ぶ戦いです。足軽という雑兵の登場もあり**京都の焼失・荒廃**も激しく、公家や僧侶も没落し、地方に下向する者も出ました。**9代義尚**の時期を含む「**東山時代**」の室町幕府は、混乱を極めたのです。

武士どうしの戦いだけでなく、**正長の徳政一揆（1428年）**、播磨の土一揆（1429年）、**嘉吉の徳政一揆（1441年）**、山城の国一揆（1485～93年）などの国一揆、**加賀の一向一揆**（1488～1580年）、**法華一揆**（1532年）、**天文法華の乱**（1536年）と一揆も絶え間なく起きました。各地で地方武士たちの国人一揆も組織されています。

このように下剋上の風潮が強まり混乱が続いたことから、**幕府・将軍の権威は失墜**し、それを後ろ盾とする守護大名の支配も衰退しました。

いよいよ戦国の争乱が始まります！

図3-15 足利氏略系図

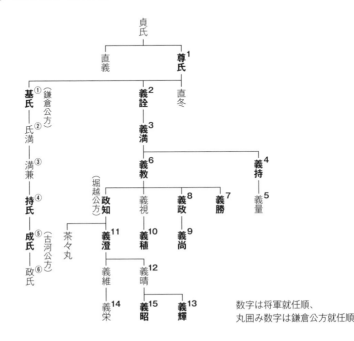

数字は将軍就任順、
丸囲み数字は鎌倉公方就任順

戦国時代

真の日本一決定戦

◇戦国時代とは？──室町時代の後半約100年間──

　室町時代の後半約100年間を指す戦国時代はいつ始まるか、については諸説あります。一般的には、「東日本は享徳の乱（1454〜82年）、西日本は応仁の乱（1467〜77年）以降」です。鎌倉公方は古河公方と堀越公方、関東管領も山内上杉と扇谷上杉に分裂し、幕府では9代将軍足利義尚が近江国（滋賀県）六角氏征伐の最中に亡くなっています。少なくとも、細川政元が10代義稙を廃し、11代義澄を擁立して管領として実権を握る明応の政変（1493年）以降は、確実に戦国時代と言えます。

◇戦国大名とは？──分国の一円支配──

　戦国大名の支配体制を大名領国制といいます。従来の守護大名による守護領国制との違いは、「幕府・将軍権力を後ろ盾にしていない」ことと、「分国と呼ばれる領地を一円支配している」ことです。守護大名は、皇室・摂関家・大寺社の荘園には支配が及びませんが、戦国大名は荘園公領制を否定し、国人・地侍と呼ばれる地方武士から一般農民まで直接支配しています。そして、その大半は「現状維持」か「隣国進出」が目標です。九州の島津・大友・龍造寺、中国の毛利、四国の長宗我部、関東の北条、東北の伊達・最上のように「一地方を制圧したい」や、今川義元・織田信長のように「天下を統一したい」は、かなり有力な大名です。

　戦国大名は「良い時期・良い立地に生まれる」ことが大切で、例えば北条早雲・毛利元就は早すぎ、伊達政宗は遅すぎました。また、九州・四

国・関東・東北の大名は、京都から離れすぎです。反対に近畿の大名は近すぎて、朝廷・幕府・寺社勢力に阻害されます。例えば、駿河国・遠江国（静岡県中部・西部）の今川義元、越前国（福井県東部）の朝倉義景、尾張国（愛知県北部）の織田信長は、時期と立地にかなり恵まれていました。

◇戦国大名の分国支配──大名領国制──

　戦国大名は、**有力家臣を城下町に集住**させた上で、**寄親・寄子制**という親子関係に似た協力体制を軍事行動・日常生活ともに維持し、家臣団内の連携を図りました。これにより、大規模な集団戦が可能となったのです。

　また、家法・家訓として分国法を制定します。**私的同盟の禁止**、領地の自由売買禁止、嫡子単独相続の励行、**喧嘩両成敗法**（＝私闘の禁止）、連坐制などを定め、「下剋上」の風潮の中で家臣団の統制に苦慮しています。家臣の地位・収入を保証する代わりに、自己申告制の**指出検地**により、収入を銭に換算した**貫高制**に基づき戦時の軍役を負担させました。

図3-16　戦国大名の勢力範囲と主な分国法と家訓

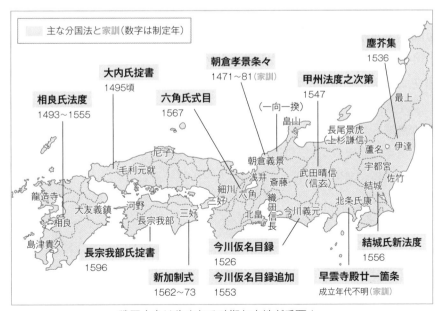

戦国大名は生まれる時期と立地が重要！

室町文化

「文化」を
全国民が共有

◇室町文化の特色——全国民が共有する文化——

室町時代の文化を、そのまま室町文化と呼びますが、時期により**南北朝文化→北山文化→東山文化→戦国期の文化**に分かれます。

室町文化は、朝廷と幕府が共に京都にあったことから、**公家文化と武家文化が融合**する**公武二元文化**です。また、各種産業の発達に伴い**庶民文化のめざましい隆盛**が見られます。支配者は、都市の民衆や惣村(そうそん)の農民とも交流し、特に連歌(れんが)・能(のう)・狂言(きょうげん)・茶(ちゃ)の湯(ゆ)・生(い)け花(ばな)・お香(こう)・盆踊(ぼんおど)りなどの**集団性**に特徴がありました。応仁の乱（1467〜77年）後の戦国時代には、**文化の地方普及が急速に進展**します。さらに、日明貿易・日朝貿易・琉球王国の中継貿易など、東アジア文化圏の活発な交流に伴い、**大陸文化と日本文化との融合**も見られます。

以上を総合して、**室町時代には、今日の日本の伝統的・民族的文化の基盤が形成**されました。中央・地方の融合が進み、洗練・調和されていく中で、日本人固有の文化が形成されます。皇族・公家・武家・地方武士・都市民・農民が**文化を共有**し、芸術性も生活に浸透していきました。

◇南北朝文化——室町時代初期の文化——

摂関家の**二条良基(にじょうよしもと)**が最古の連歌集である『菟玖波集(つくばしゅう)』を編纂し、勅撰(ちょくせん)に準ぜられて連歌が和歌と対等の地位を築きました。歴史関係では、『太平記(たいへいき)』『神皇正統記(じんのうしょうとうき)』『梅松論(ばいしょうろん)』などが書かれ、**初代将軍足利尊氏**以降の**南北朝動乱を反映し、歴史意識の高まり**が見られます。

◇北山文化──室町時代前期の文化──

鹿苑寺金閣が当時の象徴的な建築物です。南宋の官寺の制にならい、**3代将軍足利義満**が**五山・十刹**を制度化し、その下に諸山を置きました。

◇東山文化──室町時代中期の文化──

慈照寺銀閣と、**書院造**で有名な慈照寺東求堂同仁斎が当時の象徴的な建築物です。**8代将軍足利義政**や摂関家の**一条兼良**が文化を主導し、茶道・花道・香道が確立されました。水墨画の**雪舟**や、幕府御用絵師の**狩野派**も活躍しました。また、庶民層を対象とする**御伽草子**も登場しました。

◇戦国期の文化──室町時代後期の文化──

戦国大名による城下町の形成と、**応仁の乱による公家・僧侶の地方疎開**、連歌師の地方遍歴などにより、文化が地方へ普及しました。

図3-17 室町文化の重要2トップ！

南北朝文化	1	**安国寺・利生塔** ※初代将軍足利尊氏・直義兄弟が全国に造立
	2	**天龍寺庭園・西芳寺〔苔寺〕庭園**（夢窓疎石）
北山文化	1	**鹿苑寺金閣**（3代将軍足利義満の北山山荘）
	2	**観阿弥・世阿弥**らの能〔能楽〕、喜劇の**狂言**
東山文化	1	**慈照寺銀閣**（8代将軍足利義政の東山山荘）
	2	**『新撰菟玖波集』**（飯尾宗祇らの**正風連歌**）
戦国期の文化	1	**足利学校**（下野国、上杉憲実が再興） ※宣教師ザビエルから「**坂東の大学**」と呼ばれる
	2	**『犬筑波集』**（山崎宗鑑らの**俳諧連歌**）
仏教の発展	1	**京都五山と鎌倉五山**（臨済宗） ※在野的諸派の**林下**（大徳寺や妙心寺）もあった
	2	**唯一神道**（吉田兼倶）

中世の社会経済

農林水産業の発展と手工業・商業の確立。
貨幣使用と交通の発達。

社会経済史は、**政治史、外交史、文化史**と並ぶ歴史の4大テーマで、産業史・交通史・貨幣金融史などを合わせたものです。

産業は、原料を獲得・生産する**第一次産業**（農林水産業）、原料に手を加え製品を生産する**第二次産業**（**手工業・工業・鉱業**）、原料や製品という財〔モノ〕、またはサービスを販売する**第三次産業**（**商業・サービス業**）に分かれます。中世（平安時代末期〜室町時代）には、これらの産業が全て出揃い、かつ交通と貨幣流通の発達が見られるので、ようやくここで社会経済史を取り上げるのです。

図3-18 平安時代末期〜室町時代の社会経済

	平安時代末期〜鎌倉時代
第一次産業	**二毛作の開始**と鉄製農具・**牛馬耕**の普及 新肥料として**刈敷・草木灰**登場 楮・藍・漆・荏胡麻・苧〔苧麻〕の栽培
第二次産業	鍛冶・鋳物師・番匠・紺屋・鎧師など**手工業者の登場** ※農村内に住み各地を歩き仕事をする
第三次産業	**定期市の発達**→月三度の**三斎市** **行商人**（振売・連雀商人）の出現と**見世棚**〔店棚〕の登場 平安末期に登場した**座**の成長
交通	**鎌倉幕府成立により京都と鎌倉の往来が盛んに** 各地から京都・鎌倉への年貢納入ルート確立 運送・倉庫業者は**問丸**〔問〕
貨幣経済	日宋貿易による**宋銭**の大量流入 **年貢銭納**〔代銭納〕の開始と**為替**〔替銭〕の発生 都市金融業者は**借上**

平安時代末期〜鎌倉時代には、畿内・瀬戸内で**二毛作**が始まり、**刈敷**・**草木灰**という新肥料が登場、**牛馬耕も普及**して農業が発展します。楮・藍・漆・荏胡麻など、売るための**商品作物**の栽培も始まり、鍛冶・鋳物師など**民間の手工業者**たちも各地に存在しました。また、交通の発達や**宋銭**の流通もあり、月三度の**定期市**〔**三斎市**〕や、**行商人**・常設の**見世棚**〔店棚〕が見られ、商業も盛んに。運送・倉庫業者の**問丸**、金融業者の**借上**、**商工業者の特権的同業者集団**である**座**が登場したのもこの頃からです。

室町時代には、**下肥**も肥料とするようになり、稲の品種改良が進みました。**桑・茶・綿花**〔**木綿**〕など商品作物が多様化し、全国的に座が結成されて各地で**特産物**の生産が行われました。また、**六斎市**や**女性行商人**が増加、問丸が卸売商人に発達した**問屋**、運送業者の**馬借・車借**、金融業者の**土倉・酒屋**も登場し、**明銭**も大量に流通して、経済活動全体が進展しています。

室町時代

三毛作の開始と稲の品種改良（**早稲・中稲・晩稲**）
新肥料として**下肥**〔人糞尿〕の使用開始
桑・茶・綿花〔**木綿**〕の栽培開始

各地で特産物の生産が発達（京都西陣の絹織物など）
各地で**鉱山の開発**が進む
※甲斐・伊豆の金山や但馬生野・石見大森の銀山など

応仁の乱以降は月六度の**六斎市**が登場
女性行商人（大原女・桂女）の増加と**問屋の登場**
座の全国的展開（大山崎油座など）

地方産業の発達による遠隔地取引の活発化
関銭・津料の徴収をはかり関所が発達→戦国大名が撤廃
運送業者は**馬借・車借**（陸上）と**廻船**（海上）

日明貿易による**明銭**（**永楽通宝**など）の大量流入
良銭を選別する**撰銭**行為の増加→**撰銭令**は効果なし
都市金融業者は**土倉・酒屋**＋寺院（祠堂銭）

90秒
スタディ！
鎌倉時代

鎌倉期の社会経済

第一次〜第三次
産業が出揃う

◇鎌倉期の農業・手工業 ──第一次・第二次産業の発達──

　鎌倉期には、急速に農業技術の改良が進みます。灌漑・排水技術が発達した結果、稲作では、畿内・瀬戸内で麦を裏作とする**二毛作**が始まりました。また、多収穫米である**大唐米**〔赤米〕も導入されます。そして、従来の青草・堆肥に加え、新肥料の**刈敷・草木灰**も登場し、鍬・犂・鎌などの鉄製農具も普及します（それまでは鉄製刃先農具が多い）。西日本では**牛馬耕**も始まりました。

　副業として、**楮・藍・漆・荏胡麻・苧**〔苧麻〕などの**商品作物**の栽培が盛んになり、**手工業者も登場**します。鍛冶・鋳物師・番匠・紺屋・鎧師などが農村内で商品を作り、各地を歩き仕事することもありました。

　こうして生産力が向上したことにより、零細農民が自立することも多くなり、従来の作人は名主へ、下人・所従は作人へと成長していきます。

◇鎌倉期の商業 ──第三次産業の確立──

　荘園・公領の中心地や交通の要地、寺社の門前などに**定期市**が波立し、年貢米や特産品の交換・売買が行われました。鎌倉時代は、月に三度の市が立つ**三斎市**が普通でした。『一遍上人絵伝』に描かれた**備前国福岡荘**（岡山県）や信濃国伴野荘（長野県）の市が有名です。また、**行商人**である振売・連雀商人が出現し、京都・奈良・鎌倉などの都市には常設の小売店である**見世棚**〔店棚〕も増えました。

　鎌倉時代には、平安末期から登場した、**商工業者の特権的同業者集団で**

102

ある座も成長しました。有力な「**本所**」から仕入れ・販売の独占権や営業税・関銭の免除を受ける代わりに、商工業者の「**座衆**」は銭納・現物納・労働奉仕による**座役**を納めます。座衆のうち、大寺社に属した者は神人、皇室に属した者は供御人と呼ばれました。

◇鎌倉時代の経済——貨幣流通の進展——

　鎌倉時代には、**日宋貿易**・**日元貿易**による宋銭・元銭の大量流入が、商業・交通の発達と連動し、地頭・荘官・郷司から荘園・公領の領主への**年貢の銭納**〔**代銭納**〕や、都市の高利貸業者である**借上**の発達を促しました。ただし、農民から地方武士へ納入するのは現物納で、農村では**無尽（講）・頼母子（講）**という共済的な相互金融制度が主流でした。

　また、年貢・商品の中継ぎや委託販売も行う運送・倉庫業者の**問**〔**問丸**〕が発生しました。遠隔地間の取引決済に、**手形**〔**割符**〕を使用して現金を移動させない**為替**〔**替銭**〕は、現代でも決済手段として続いています。

図3-19 座のしくみ

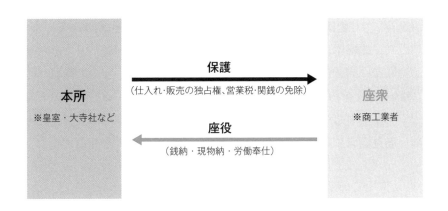

座=商工業者の特権的同業者組合

室町期の社会経済

「産業」を
全国民が共有

◇室町期の諸産業──第一次・第二次産業の発展──

　日本は山がちで耕地面積の拡大が困難なこともあり、室町期には集約化・多角化が進展します。灌漑・排水施設では従来の水車に加え、**竜骨車**が導入されました。**下肥**〔人糞尿〕や魚肥も新肥料として登場します。稲の品種改良が進み、**早稲・中稲・晩稲**の作付けや二毛作が全国に普及、畿内では三毛作（米・蕎麦・麦）も始まりました。商品作物は多様化し、**桑・茶・木綿**〔綿花〕も登場します。また、専業漁師が出現し、網漁を中心に漁業が進歩、古式入浜法により塩田も造られ、**製塩業**も発展しました。

　手工業では、**全国的に座が結成**され、各地で工芸品の生産が発達します。京都西陣の**絹織物**、播磨国（**杉原紙**）・美濃国（**美濃紙**）・越前国（**鳥の子紙**）などの**和紙**、尾張国（瀬戸焼・常滑焼）・美濃国（**美濃焼**）などの**陶器**、能登国（**輪島塗**）などの**漆器**、山城国粟田口・相模国鎌倉・備前国長船の**刀剣**などが特産品として有名です。鉱業では、甲斐国・伊豆国の金山、**但馬国生野・石見国大森の銀山**など、戦国大名により鉱山開発が進みました。

◇室町期の商業──第三次産業の発展──

　地方武士や農民たちは、**定期市**で物を売却して貨幣を入手します。これにより、年貢・公事として領主に納められていた農産物が商人に渡り、商品として流通するようになりました。応仁の乱以降は**六斎市**も登場し、特定商人の販売座席である**市座**も設定されました。また、振売・連雀商人が増加し、**大原女・桂女**など女性も活躍します。都市の**見世棚**〔店棚〕以外

に、三条・七条の米場、京都六角・淀の魚市など**専門市場**も発生しました。

　座の活動も全国的になり、石清水八幡宮を本所とする**大山崎の油座**神人や北野神社の麴座神人、祇園社の綿座神人が有名です。蔵人所を本所とした鋳物師たちの灯炉供御人は、朝廷の権威により関銭を免除されました。

◇室町時代の経済──貨幣流通と交通の発達──

　室町時代には、**日明貿易**により**明銭**（洪武通宝・永楽通宝・宣徳通宝）が流入し、粗悪な**鐚銭**（私鋳銭など）もあり、統一的貨幣は存在しません。幕府や戦国大名は**撰銭令**を出しますが、効果は不十分です。都市の高利貸業者は**土倉・酒屋**と呼ばれ、有名寺院も祠堂銭の名目で集めた銭を高利で貸し付けました。また、問〔問丸〕が発達して卸売商人の**問屋**になり、陸上には**馬借・車借**、海上には**廻船**が行き交い、**荘園公領制により困窮した公家や寺社が関所・津留を大量に設置**して関銭・津料が徴収され、交通・通商を著しく阻害したので、**戦国大名により撤廃命令**が出されました。

図3-20　鎌倉期と室町期の社会経済

	鎌倉期	室町期
稲　作	二毛作の開始	→二毛作の普及と**三毛作の開始** ※宋希璟『老松堂日本行録』より
肥　料	刈敷・草木灰の登場	→下肥〔人糞尿〕・魚肥も登場
商品作物	楮・藍・漆・荏胡麻・苧	→桑・茶・綿花〔木綿〕も登場 ※木綿は朝鮮から伝来
定期市	三斎市	→応仁の乱後に六斎市も登場
行商人	振売・連雀商人	→大原女・桂女など女性も増加
貨　幣	宋銭・元銭の登場	→明銭（**永楽通宝**など）の登場 ※粗悪な鐚銭（**私鋳銭**など）も
高利貸	借上	→**土倉・酒屋**・寺院（祠堂銭を貸す） ※徳政一揆の多発
その他	問〔問丸〕	→**問屋**という卸売業者に発展

中世の外交

私的交流から、
公的交流（東アジア文化圏という意識）への回帰。

　中世の外交は、4地域に分けて整理します。初めに中国。平安〜鎌倉時代の日宋貿易・日元貿易や、僧の往来という**私的交流**を経て、**1404年**に**公的**な**日明貿易**〔**勘合貿易**〕が始まります。1368年に**朱元璋**〔**太祖洪武帝**〕が建国した**漢民族**の**明**が、倭寇のこともあり朝貢形式以外受け付けない「**海禁政策**」を採ったので、5世紀の「**倭の五王**」以来の**冊封体制**が復活しました。屈辱的とはいえ、渡航費・滞在費は全て明側の負担＋無関税だったので、日本側の利益は莫大です。また、天皇ではなく**足利将軍**が「**日本国王**」として**冊封される**ことは、室町幕府としては名誉なことでした。

図3-21　中世における日本と周辺国の外交

	民　族	国　名	特　色
中　国	漢民族と蒙古民族	南宋　　明　↘元↗	私的交流から公的交流へ
朝鮮半島	朝鮮民族	高麗→朝鮮	私的交流から公的交流へ
琉　球	琉球民族	琉球王国	東アジア文化圏をつなぐ
蝦夷ヶ島	アイヌ民族	なし	和人に限らず各所と交易

次に朝鮮半島。倭寇の被害や国内対立、凶作などで高麗が衰退し、1392年に李成桂が朝鮮を建国しました。対馬の守護大名宗氏が仲介して日朝貿易を運営し、莫大な利益を上げますが、応永の外交（1419年）や三浦の乱（1510年）などのトラブルもあり、次第に貿易は衰退しました。

三つ目は琉球（＝沖縄県と奄美群島）。1429年、中山王尚巴志が三山（北山・中山・南山）を統一し、琉球王国を建てました。首里城に琉球王府を設置、日本・明の両国に朝貢し、港町の那覇を中心に、明・日本・朝鮮と東南アジア諸国とを結ぶ中継貿易で16世紀前半に最盛期を迎えました。

最後に蝦夷ヶ島（＝北海道）。13世紀から和人〔シャモ〕が進出し、南部の渡島半島に道南十二館を建設します。館主は津軽の安藤〔安東〕氏の支配下に属し、アイヌから入手した北海の産物を、津軽の十三湊を通じ畿内へ送っていました。1457年、コシャマインの戦いに勝利した蠣崎氏が、16世紀前半までに館主を統一し、松前を本拠とするようになりました。

鎌倉期	室町期
日宋貿易→日元貿易 ※蒙古襲来〔元寇〕 ※元の末期は倭寇に悩む	日明貿易〔勘合貿易〕 ※幕府の将軍が皇帝により冊封 ※大内氏滅亡により終了
私貿易を展開 ※高麗の末期は倭寇に悩む	日朝貿易 ※対馬の宗氏が仲介 ※三浦の乱後は宗氏のみに
グスク（城）時代 ※按司（領主）が築く 三山（北山・中山・南山）時代	琉球王国による中継貿易 ※南蛮貿易により衰退
「アイヌ文化」段階 ※末期に津軽の安藤（安東）氏が進出	和人が道南十二館を築造し進出 コシャマインの戦い ※勝利した蠣崎氏が勢力確立

中世前半の私的交流

平氏滅亡や元寇が あっても続く

◇南宋との関係——活発な私的交流——

12世紀初め、遼を滅ぼした女真人〔刀伊〕の**金**は、続いて華北を占領し、宋〔北宋〕を滅亡させます。皇帝の弟が江南に逃れて建てたのが南宋です。中国は北部の金に対し、南の南宋が臣下の礼を取る状況になりました。

日本は**北宋に続き南宋ともに正式な国交を開きません**でしたが、**私貿易**は継続されます。特に院政期の**平忠盛・清盛**父子は、日宋貿易を広く展開しました。清盛は、**大輪田泊**（摂津国、現在の神戸港付近）の修築や、**音戸の瀬戸**（安芸国、近道用の水路）の開削を行い、瀬戸内海を通じて**宋の商船を直接畿内に入港させ**、莫大な利益を得ました。また、航海の安全を祈り、一族をあげて**厳島神社**〔宮島〕を崇拝し、『平家納経』を奉納しています。**平氏滅亡後の鎌倉時代も貿易は活発**で、九州に宋船が来航し、金・水銀・硫黄・刀剣・漆器・扇・真珠などが輸出され、宋銭・陶磁器・書籍・絹織物などが輸入されました。

文化交流も続きました。平氏による南都焼打ちから諸寺を復興させた奈良仏教の**重源**〔俊乗坊〕や、鎌倉新仏教の**栄西**（臨済宗開祖）・**道元**（曹洞宗開祖）も渡宋しています。南宋から来日していた**蘭溪道隆**は、京都から5代執権北条時頼が招き、鎌倉に**建長寺**を開山しました。**無学祖元**は、南宋から8代執権時宗が招き、鎌倉に**円覚寺**を開山しています。建築では、**東大寺南大門**などの**大仏様**、**円覚寺舎利殿**などの**禅宗様**〔唐様〕が導入されました。学問では、朱熹が始めた**朱子学**〔宋学〕が伝来し、君臣の別を説く大義名分論が、後醍醐天皇の倒幕運動の理論的支柱となっています。

◇日元貿易と倭寇──鎌倉後期～南北朝時代の外交──

　1234年に金を滅ぼし、1279年に南宋を滅ぼしたモンゴル帝国の元とは、13世紀後半に**蒙古襲来**〔**元寇**〕という戦闘はあったものの、**私貿易**は南宋と同様に行われました。僧の一山一寧が来日し、弟子の虎関師錬に『元亨釈書』（げんこうしゃくしょ）を書かせるなど、**文化交流**もありました。また、1325年の**建長寺船**（けんちょうじせん）（14代北条高時による）、1342年の**天龍寺船**（てんりゅうじせん）（足利尊氏・直義兄弟による）のように、**幕府から公的な派遣**も行われています。

　14世紀半ば～後半、元から明に王朝が交代する混乱の中、**日本人中心の武装海賊集団**「**倭寇**」が、朝鮮半島沿岸・中国北部沿岸で、人間や食糧などを略奪するようになりました。彼らは船を隠しやすい対馬・壱岐・肥前松浦地方（ひぜんまつら）などを根拠地に暴れ回り、**明や高麗に相当な被害**をもたらします。1369年、南朝の征西将軍懐良親王（かねよし）に対し、明・高麗の皇帝・王は禁圧を要求しましたが、南北朝の争乱中であったため、対処されませんでした。

図3-22 **13世紀の東アジア**

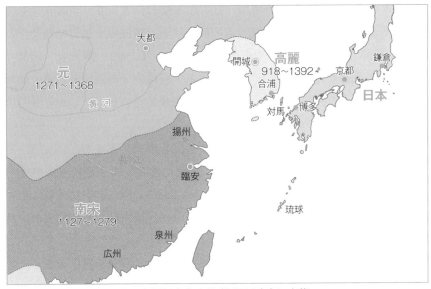

元・高麗は**文永の役（1274年）**に来襲
元・高麗は東路軍、南宋は江南軍として**弘安の役（1281年）**に来襲

中世後半の公的外交・私的交流

中国・朝鮮・琉球・蝦夷ヶ島4方位

◇日明貿易——公的外交の復活——

明は、1368年に**朱元璋**〔**太祖洪武帝**〕が建国した**漢民族**の王朝で、中国を中心とする**冊封体制の復活**を目指し、私的な海外渡航や貿易を禁じる「**海禁政策**」を推進しました。明は、日本に通交と倭寇の禁圧を要求し、出家していた前将軍**足利義満**がこれに応じました。

1401年、足利義満が祖阿（正使）と博多商人肥富（副使）を明に派遣し、翌年「日本国王源道義」として大統暦を受け取り冊封されました。**1404年**以降、室町幕府の将軍は「日本国王臣源」として日明貿易〔勘合貿易〕を開始します。**朝貢形式**で遣明船を派遣、**寧波**の市舶司で勘合を査証後、陸路移動した北京で査証・交易します。日本は、**銅・金・硫黄・刀剣・漆器・扇**などを輸出し、**明銭・生糸・絹織物・陶磁器・書籍・書画**などを輸入しました。渡航費・滞在費・運搬費は明の負担、しかも無関税だったので、日本側の利益は莫大でした。

1411年、**4代義持が朝貢形式を好まず国交を中絶**しますが、1432年、**6代義教が貿易を再開**します。この時、守護大名や商人に経営主体が移行し、幕府は抽分銭という税を徴収するようになりました。1523年に起きた、日本人どうしの争いである**寧波の乱**以降は、**博多商人と結ぶ大内氏が貿易を独占**し、1551年の**大内氏滅亡により終結**しました。

これにより、日明貿易中は大人しかった倭寇の活動が活発化します。この頃の後期倭寇は、日本人と結ぶ**中国人中心の武装海賊集団**であり、中国中部・南部沿岸や南海地域で銭貨や生糸などを略奪しました。

◇日朝貿易──対馬の宗氏が仲介──

　朝鮮半島では、倭寇の被害や国内対立・凶作により**高麗**が衰退し、**李成桂**〔けい〕が1392年に**朝鮮**を建国し、国交が開かれました。通信符を用いた**日朝貿易**は、**対馬の守護大名宗氏**が仲介して運営され、日本は、銅・硫黄・刀剣や琉球貿易による蘇木〔そぼく〕・香木〔こうぼく〕など南海の産物を輸出し、**木綿・大蔵経**〔だいぞうきょう〕〔**一切経**〔いっさいきょう〕〕・朝鮮人参〔にんじん〕などを輸入しました。しかし、**応永の外寇**（1419年）や**三浦の乱**（1510年）を経て、貿易は宗氏のみに限られるようになりました。

◇琉球と蝦夷地──琉球王国尚氏とアイヌ──

　1429年、尚巴志により**琉球王国**が成立、日本・明の両国に朝貢し、15世紀前半まで**中継貿易**で繁栄しました。

　13世紀以降蝦夷ヶ島の渡島半島に進出していた和人は、**1457年のコシャマインの戦い**で**アイヌ**を破り、**蠣崎氏**が勢力を伸ばしています。

図3-23 **15世紀頃の東アジア**

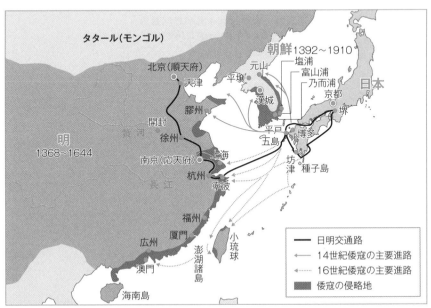

15世紀前半までの倭寇は日本人中心、16世紀の後期倭寇は中国人中心

第3章 まとめ

中世=公武二元支配の時代

平安末期→鎌倉→室町時代

〈まとめ〉
1
院政の開始と平氏政権（平安時代末期）
もと天皇による規格外の政治&地方武士出身の貴族政権
※院政期の文化

〈まとめ〉
2
鎌倉幕府（鎌倉時代）
将軍独裁政治→執権政治→得宗専制政治
※京都の朝廷も一定の力を持つ公武二元支配
※2度の蒙古襲来〔元寇〕
※鎌倉文化

〈まとめ〉
3
室町幕府（室町時代）
将軍・鎌倉公方を中心とする有力守護の連合政権
※朝廷と幕府が同じ京都に存在する公武二元支配
※公的な日明貿易と日朝貿易&私的な倭寇
※室町文化（南北朝→北山→東山→戦国期）

第4章

近世

武家による
天下統一の時代

武家による天下統一

「下剋上」思想による日本の再編と、
東アジア文化圏からの自立。

「公武二元支配の時代」だった中世に対し、「武家による天下統一の時代」が近世です。統一を達成するのは、尾張国（愛知県北部）出身の織田信長と豊臣秀吉ですが、この織豊政権の時期を、彼らが築いた安土城と伏見城〔桃山城〕から名づけて安土桃山時代といいます。室町時代の後半約100年は戦国時代で、「下剋上」思想を拠り所に、各地であらゆる勢力が争いました。織田信長は、生まれた場所と時期がベストポジションに近く、来航した南蛮人から得られる最新技術・思想だった鉄砲・キリスト教を大胆に利用して勢力を増し、室町幕府を滅ぼします（1573年）。

図4-1　天下統一への道

織田信長	（尾張国）の勝利・弾圧年表
1560年	桶狭間の戦い ➡ 今川義元（駿河・遠江国）を破る
1562年	清洲同盟 ➡ 松平元康〔徳川家康〕（三河国）と同盟
1567年	美濃制圧 ➡ 斎藤竜興（美濃国）を破る
1568年	足利義昭を奉じ入京 ➡ 松永久秀（大和国）を破る
1569年	堺直轄 ➡ 自由都市堺の会合衆（和泉国）を屈服させる
1570年	姉川の戦い ➡ 浅井長政（近江国）・朝倉義景（越前国）を破る
1571年	比叡山延暦寺焼打ち ➡ 天台宗を弾圧
1573年	室町幕府滅亡 ➡ 15代将軍足利義昭を京都から追放
1575年	長篠の戦い ➡ 武田勝頼（甲斐・信濃国）を破る
1576年	安土城（近江国）築城開始（〜79年）
1579年	安土宗論 ➡ 日蓮宗を弾圧
1580年	石山戦争終結 ➡ 11世顕如を破り浄土真宗〔一向宗〕を弾圧
1582年	天目山の戦い ➡ 武田勝頼（甲斐・信濃国）を滅ぼす
	本能寺の変 ➡ 明智光秀により殺害される

その後、長篠〔設楽原〕の戦い（1575年）で武田勝頼を破り、石山戦争（1570〜80年）で本願寺11世顕如を屈服させて**畿内と中部地方を統一**した信長は、出自にとらわれない人材登用を行いましたが、本能寺の変（1582年）で重臣の**明智光秀**に討たれ、目前で天下を逃します。

信長の後継者となったのが豊臣秀吉です。山崎の戦い（1582年）で明智光秀、賤ヶ岳の戦い（1583年）で柴田勝家を破り、小牧・長久手の戦い（1584年）で**徳川家康**と引き分けた秀吉は、**朝廷の権威を利用して関白・太政大臣**に就任し、**大坂城**を拠点に最強勢力となりました。各地で**太閤検地**を行い、荘園公領制が完全崩壊していく中で、四国・九州・関東・東北を順に平定して、ついに天下統一（1590年）を果たします。

その後、海を越えた明の平定まで目論み、その過程で**朝鮮侵略**〔**文禄・慶長の役**〕（1592〜98年）まで行いますが苦戦。志半ばで、幼い秀頼を残して亡くなります。

豊臣秀吉（**尾張国**）の勝利・弾圧年表	
1582年	山崎の戦い ➡ **明智光秀**（丹波・丹後・近江国）を破る
1583年	賤ヶ岳の戦い ➡ **柴田勝家**（越前国）を破る
	大坂城（摂津国）築城開始
1584年	小牧・長久手の戦い ➡ 徳川家康・織田信雄と引き分ける
1585年	紀伊平定 ➡ **根来・雑賀一揆**（紀伊国）を鎮圧
	四国平定 ➡ **長宗我部元親**（土佐国）を破る
1587年	九州平定 ➡ **島津義久**（薩摩・大隅国）を破る
	バテレン追放令 ➡ キリスト教を弾圧
1588年	聚楽第（京都）完成
	海賊取締令 ➡ （後期）倭寇を禁圧
1590年	関東平定 ➡ **北条氏政・氏直**（相模国・伊豆国）を破り天下統一
	奥州平定 ➡ **伊達政宗**（陸奥国）・**最上義光**（出羽国）を屈服させる
1592年〜	文禄・慶長の役〔**壬辰・丁酉倭乱**〕➡ 朝鮮・明侵略に失敗
1598年	**伏見城**〔桃山城〕（山城国）で死去

織田信長の統一過程

突出した革新性は両刃の剣

◇ 織田信長の統一過程　　畿内・中部地方の統一

　1534年生まれの織田信長は、**尾張国**（愛知県北部）出身。時期・立地ともに抜群の出自です。管領斯波氏の守護代一族から、父の信秀が戦国大名となり、子の信長は「**天下布武**」の印判を用いて全国統一を目指し、近世の幕開けとなります。

　1560年、桶狭間の戦いで大大名の今川義元（駿河国・遠江国）を破り、2年後に旧知の松平元康（のち徳川家康、三河国）と清洲同盟を結びます。その後、斎藤竜興（美濃国）を滅ぼして**岐阜城**を本拠地とし、**1568年、足利義昭を報じて松永久秀を破り入京し**15代将軍とします。しかし、義昭との関係は徐々に悪化し、周囲は敵だらけに。

　1570年、姉川の戦いで浅井長政（近江国）・朝倉義景（越前国）連合軍を破り、翌年、浅井・朝倉に味方した**比叡山延暦寺を焼討ち**。そして、脅威となる武田信玄（甲斐国・信濃国）が病死した後、1573年、**15代将軍義昭を追放し**、室町幕府は滅亡しました。

　1575年、長篠の戦いで武田勝頼を破り、翌年から新たな本拠地として琵琶湖畔に安土城の築城を開始します。巨大な**天守閣**の築城中に、もう一人の脅威であった上杉謙信（越後国）が病死します。

　1580年には、10年以上戦い続けた**一向一揆**の指導者、**本願寺11世顕如の石山本願寺を屈服**させました。さらに1582年、天目山の戦いで武田氏を滅ぼしたのですが、**京都**における本能寺の変で重臣の**明智光秀**に攻められて自害、長男の信忠も同じ日に討たれてしまいました。

◇織田信長の政策──信長の成功要因──

　織田信長の成功要因は、年齢以外では5つに整理できます。**①地理的要因**。清洲城や小牧山城のある**尾張国は京都にほどよく近く**、肥沃な濃尾平野を抱えていました。さらに本拠地を、**美濃国**（岐阜県）の岐阜城さらに**近江国**（滋賀県）の安土城へと移動し、京都に近づいていきます。**②優れた軍事力**。鉄砲などの最新兵器を大量調達し、強力な家臣団編制により直属の常備軍を保持していました。**③経済政策の重視**。堺・大津など要地を直轄し、楽市令により座を解体して商工業を再編・掌握、経済活性化のため関所の撤廃なども積極的に行いました。**④突出した革新性**。伝統的な秩序・権威（室町幕府や比叡山延暦寺）に挑戦し克服します。そのために**キリスト教も利用**しました。**⑤人材の積極的登用**。明智光秀・羽柴秀吉・千利休ら、出自にこだわらず有能な人間を抜擢しました。しかし、結果的に明智光秀に裏切られ、織田家の子孫は羽柴秀吉に屈服することになります。

図4-2 　**信長の主要な事績**

年　代	名　称	場　所	相　手
1560年	**桶狭間の戦い**	**尾張国**	**今川義元**
1567年	稲葉山城の戦い	美濃国	斎藤竜興
1568年	**信長入京**	**京都**	**松永久秀**
1569年	堺直轄	和泉国	36人の会合衆
1570年	**姉川の戦い**	**近江国**	**浅井長政・朝倉義景**
1571年	**延暦寺焼討ち**	**近江国**	**天台宗**
1573年	室町幕府滅亡	京都	15代将軍足利義昭
1575年	長篠の戦い	三河国	武田勝頼
1579年	安土宗論	近江国	日蓮宗
1580年	**石山戦争終結**	**摂津国**	**本願寺11世顕如〔光佐〕**
1582年	天目山の戦い	甲斐国	武田勝頼
	本能寺の変	京都	明智光秀により殺害される

豊臣秀吉の統一過程

スタートとゴールの
ギャップが！

◇豊臣秀吉の統一過程　　天下統一

　1537年生まれの豊臣秀吉は、尾張国（愛知県北部）の農村出身。木下藤吉郎の名で織田信長に仕えて雑兵から異例の出世を果たし、1573年には近江国長浜城主となり、羽柴秀吉に改名しました。1582年、中国攻め〔毛利攻め〕の最中に、本能寺の変で主君を失います。

　1582年、山崎の戦いで明智光秀を、1583年、**賤ヶ岳の戦い**で柴田勝家を破り地位を確立し、大坂城の築城を開始しました。1584年、徳川家康と**小牧・長久手の戦い**で引き分けますが、1585年に関白、1586年に**太政大臣**に就任し、後陽成天皇から豊臣姓を賜るなど、政治力を駆使してこの年に家康を従わせました。1588年には天皇が京都の聚楽第に行幸しています。

　秀吉は、1583年に中国平定（vs.毛利輝元）、1585年に紀伊平定（vs.根来・雑賀一揆）、1585年に**四国平定**（vs.長宗我部元親）、1587年に**九州平定**（vs.島津義久）と勢力を広げます。**惣無事令**を盾に、1590年に**関東平定**（vs.北条氏政・氏直）と**奥州平定**（vs.伊達政宗・最上義光）を果たして天下を統一し、翌年、全国の大名に国絵図・郷帳と御前帳を提出させました。

◇豊臣秀吉の国内政策──荘園公領制の完全崩壊と兵農分離──

　1582年からの太閤検地の結果、重層的な土地支配が終わり、**荘園公領制は完全崩壊**しました。国人層が主導する**検地反対一揆**が各地で起き、1588年に出されたのが刀狩令で、**兵農分離が徹底**されました。1591年の**人掃令**〔身分統制令〕では身分を固定し、刀狩の成果が維持されています。

　豊臣政権は、側近の**五奉行**（浅野長政・増田長盛・石田三成・前田玄以・長束正家）が実務を担当し、**五大老**（徳川家康・**前田利家・毛利輝元・宇喜多秀家・上杉景勝**）が顧問を務めました。経済基盤は、**蔵入地**と呼ばれる約220万石の直轄地と京都・伏見・大坂・堺・博多などの直轄都市、佐渡金山・石見銀山・生野銀山などの直轄鉱山の他、**堺の千利休・今井宗久・津田宗及や博多の島井宗室・神屋宗湛ら、豪商**の経済力を活用しました。

◇豊臣秀吉の対外政策──弾圧的外交──

　豊臣秀吉の対外政策は、弾圧的外交と貿易利潤の追求に特色があります。1587年、**バテレン〔宣教師〕追放令**を出し、1596年にサン＝フェリペ号事件・26聖人殉教を起こしながらも**南蛮貿易は奨励**したため、**禁教策は不徹底**に終わります。1588年、**海賊取締令**を出し、朱印船貿易を開始するなどの反面、1592年からは国内の領土的行き詰まりもあり、無謀な朝鮮侵略〔文禄・慶長の役〕を行い、苦戦中の1598年に伏見城で亡くなりました。

図4-3　秀吉の主要な事績

年　代	名　称	場　所	相　手
1582年	山崎の戦い	山城国	明智光秀
1583年	賤ヶ岳の戦い	近江国	柴田勝家
1584年	小牧・長久手の戦い	尾張国	徳川家康・織田信雄
1585年	紀伊平定	紀伊国	根来・雑賀一揆
	四国平定	土佐国など	長宗我部元親
1587年	九州平定	薩摩国など	島津義久
	バテレン追放令	筑前国	キリスト教
1590年	小田原攻め	相模国	北条氏政・氏直
	奥州平定	陸奥国、出羽国	伊達政宗、最上義光
1592年〜	文禄の役（〜93年）	朝鮮	李舜臣（朝鮮）・李如松（明）ら
1597年〜	慶長の役（〜98年）	朝鮮	李舜臣ら

ヨーロッパ人の来航と桃山文化

興味津々・
豪華絢爛

◇ヨーロッパ人の来航──南蛮人と紅毛人

　南蛮人（カトリック〔旧教〕のラテン系西洋人）進出の背景は、15世紀末から始まる**大航海時代**です。彼らは新航路を開拓し、貿易拡大＋カトリック布教＝植民地拡大のためにアジアや中南米に進出しました。日本には**ポルトガル人**が種子島に**鉄砲**（1543年？）を、**イエズス会宣教師フランシスコ＝ザビエル**が鹿児島に**キリスト教**（1549年）を伝え、南蛮貿易を始めます。ポルトガルは中国のマカオ、スペインはフィリピンのマニラを拠点に**中国の生糸と日本の銀を交換**しつつ、鉄砲・火薬や砂糖なども売る**中継貿易**です。その影響で、琉球王国や後期倭寇は衰退しました。

　南蛮人に対し、**紅毛人**（プロテスタント〔新教〕のゲルマン系西洋人）は、**1600年**、豊後国の臼杵に漂着したオランダ船**リーフデ号**に乗っていたオランダ人**航海士ヤン＝ヨーステン**とイギリス人**水先案内人ウィリアム＝アダムズ**が初来日でした。オランダやイギリスの東インド会社は貿易と布教を切り離していたので、日本にとっては良い相手でした。

◇桃山文化──安土桃山時代の文化

　安土桃山時代＝織豊政権の文化を桃山文化と呼びます。新興大名や豪商の気質・経済力を受けた、新鮮味あふれる**豪華絢爛・雄大な文化**で、織田信長の寺院弾圧により仏教色が薄れ、**現実的・世俗的**な力強い側面があります。また、南蛮文化の受容と伝統文化の復興とが辛うじて均衡を保つ、多彩な文化でもありました。

従来の山城から平山城・平城が主流となり、軍事拠点から政治・経済拠点に変化した**城郭建築**が有名ですが、織田信長の安土城、豊臣秀吉の大坂城・伏見城・聚楽第は一部の石垣を除き現存しません。世界文化遺産の**姫路城**（播磨国）や、日本最古の天守閣を持つ犬山城（尾張国）、二の丸御殿を遺す二条城（京都）などが観光客を集めています。城や寺院の屏風や襖には**障壁画**が描かれ、**濃絵**では『**唐獅子図屏風**』『**洛中洛外図屏風**』の**狩野永徳**や弟子の**狩野山楽**、水墨画では『**松林図屏風**』の**長谷川等伯**や『**山水図屏風**』の**海北友松**が名を上げました。芸能では、**出雲阿国**の**かぶき踊り**〔**阿国歌舞伎**〕や**高三隆達**の隆達節〔隆達小歌〕が注目を集め、**人形浄瑠璃**も始まります。また、**千利休**により**侘茶**が完成、1587年に豊臣秀吉が**北野大茶湯**を開催するなど、茶の湯は大名や庶民のたしなみでもありました。

　南蛮文化では、伊東マンショら4少年の**天正遣欧使節**（1582〜90年）を派遣した**ヴァリニャーニ**により**活字印刷機**が伝来し、『**天草版平家物語**』『**日葡辞書**』などの**キリシタン版**が、金属製の活字で出版されました。

図4-4　桃山文化の各分野重要ベスト３！

建　築	1	姫路城〔白鷺城〕（播磨国）
		※ユネスコ世界文化遺産
	2	**二条城二の丸御殿（京都）**
	3	**都久夫須麻神社本殿（近江国、伏見城遺構）**
絵　画	1	唐獅子図屏風（狩野永徳）　➡ 濃絵
		※狩野永徳は洛中洛外図屏風も制作
	2	松林図屏風（長谷川等伯）➡ 水墨画
		※長谷川等伯は**智積院襖絵**〔楓図〕も制作（伝）
	3	**山水図屏風（海北友松）**　　➡ 水墨画
南蛮文化	1	キリシタン版（『**天草版平家物語**』『**日葡辞書**』など）
		※1590年、ヴァリニャーニにより活字印刷機が伝来
	2	**セミナリオ（神学校）**➡ オルガンティーノらが設置
	3	**コレジオ　（大学）**　➡ ヴァリニャーニが設置

武断政治期

「日本の完成形」としての
「幕藩体制」「"鎖国"体制」の確立。

　三河国（愛知県南部）の弱小戦国大名に生まれた徳川家康は、織田信長の同盟者として活躍し、大大名となりました。のち同盟相手の家臣で、本来は格下の豊臣秀吉にあえて臣従、五大老筆頭として下剋上の機会を狙っていました。秀吉死後、関ヶ原の戦い（1600年）に勝ち、あえて京都・大坂を避け「東日本を拠点とする全国政権」として江戸幕府を開きます（1603年）。2年後に子の秀忠にあえて将軍職を譲り、大御所として君臨し、諸大名の下剋上を封じます。権威が残る豊臣氏は大坂の役（1614〜15年）で滅ぼし、戦乱の世を平定したことに満足したのか、翌年亡くなりました。

図4-5　徳川葵三代の政治と外交

	時　期	内　政
関ヶ原の戦い	1600年	東軍を率い西軍を破る
初代家康 （のち大御所）	17世紀初め ※1603〜幕府成立 　1615 大坂夏の陣	徳川家康による独裁 ※下剋上思想の否定 ※「元和偃武」達成
武家諸法度元和令	1615年	大名・旗本の統制
2代秀忠 （のち大御所）	17世紀前半 ※1617 領知宛行状発給〜 　1632 大御所秀忠の死	大名の統制強化 ※武断主義を展開 ※朝廷の統制強化
武家諸法度寛永令	1635年	参勤交代を制度化
3代家光	17世紀前半〜半ば ※1637 島原の乱〜 　1651 家光の死	「幕藩体制」確立 ※武断主義を継続 ※牢人が大量に発生

3代将軍家光の治世までに、古代のヤマト政権～律令国家～王朝国家、中世の鎌倉幕府～室町幕府、近世の織豊政権を経て「日本の完成形」としての内外の体制が確立するのが江戸時代です。**内政**では「主従関係を結ぶ将軍（幕府）と大名（藩）が、全ての生産と納税を、直接支配する農民に頼る封建的支配」である「**幕藩体制**」です。**外政**では、「全国民を仏教徒にしてキリスト教を禁じ、"四つの口"を通じてオランダ・中国、朝鮮、琉球、蝦夷地のみと繋がる独自路線」である「**"鎖国"体制**」です。

この2体制を作り上げるため、初代将軍家康・2代将軍秀忠・3代将軍家光の "徳川 葵 三代" は、**将軍独裁の下で武力により諸勢力を抑える弾圧的政治**を行います（＝武断政治）。諸大名は、**親藩・譜代・外様**に分けられ、江戸幕府は、独裁的な力を持つ将軍と直属の**旗本・御家人**、および主に譜代大名により運営され、265年にわたり "パクス＝トクガワーナ〔徳川の平和〕" が続くのです。

第1章・原始
第2章・古代
第3章・中世
第4章・近世
第5章・近代
第6章・現代

外　交	補　佐	将軍追加情報
平和外交 ※朱印船貿易制度化 ※**慶長遣欧使節**許可	金地院崇伝 南光坊天海	死後は**東照大権現**〔権現様〕 ※久能山のち日光に祀られる
イギリス船自ら退去 スペイン船来航禁止	金地院崇伝 南光坊天海	家康の生前は実権なし
"鎖国" の完成 ※**ポルトガル船来航禁止** ※オランダ商館出島移転	春日局 林羅山 老中松平信綱	「生まれながらの将軍」 ※誕生時すでに幕府が存在 ※弟の忠長を切腹させる

徳川家康・2代秀忠の統一過程

下剋上の風潮は これにて御免

徳川家康の統一過程　鳴くまで待とうホトトギス

　1542年生まれの徳川家康は、**三河国**（愛知県南部）の弱小大名**松平氏**の出身。**岡崎城**に生まれ、5歳で織田信秀ののち今川義元の人質となりますが、桶狭間の敗戦に乗じて今川氏から独立。1562年、織田信長と清洲同盟を結び、以後一度も裏切ることはありませんでした。信長の死後は三河・遠江・駿河・甲斐・信濃5カ国の大大名となり、1584年に織田信雄（信長の次男）を奉じて挙兵します。この**小牧・長久手の戦い**で羽柴秀吉を倒すことができず和議に持ち込まれ、2年後に臣従しました。

　1590年、秀吉の命により北条氏滅亡後の関東に国替えとなり、武蔵国**江戸城**と城下町の普請を始めます。1598年、秀吉の死後も**五大老筆頭**として伏見城で政務を執りますが、翌年、五大老次席の前田利家の死後、大坂城に入りました。1600年、美濃国関ヶ原の戦いで**石田三成・小西行長**・宇喜多秀家らの西軍を破り、大坂城にいた豊臣秀頼や総大将の**毛利輝元**、会津の上杉景勝らを大幅に減封し、**豊臣家から政権を奪取**しました。

　1603年、家康は後陽成天皇から征夷大将軍の宣下を受け、江戸幕府を開きます。2年後に子の秀忠にあえて将軍職を譲り、下剋上の思想を否定・根絶して**駿府へ隠居**し、**大御所**（前将軍）として実権を握り続けます。

　1614年、方広寺鐘銘問題を契機に豊臣方を挑発して**大坂冬の陣**を起こし、1615年の**大坂夏の陣**で豊臣秀頼・淀殿を自害に追い込みました。**豊臣家が滅亡**して「**元和偃武**」となり、戦乱の世が終結します。翌年、太政大臣に就任後に死去、久能山のち日光に東照大権現として祀られました。

◇2代将軍秀忠の政治 ──大名の統制──

　大御所の家康と2代将軍秀忠は、「大坂の役」で豊臣家を滅ぼした**1615年**、**一国一城令**を出し、大名に居城以外の城破を行わせました。同年、「**文武弓馬の道、専ら相嗜むべき事**」で始まる武家諸法度を金地院崇伝が起草します。新規築城の禁止と修理時の申し出、隣国動向の監視、私婚の禁止などを定め、**大名を統制**しました。同時に「天子諸芸能の事、第一御学問なり」で始まる禁中並公家諸法度も起草し、**朝廷も統制**しました。

　将軍と直接主従関係を結ぶ**1万石以上の武士**を**大名**と呼び、各大名は領地から年貢を徴収する権利（＝領知）を、将軍が発給する領知宛行状により与えられました。①親藩は徳川氏一門の大名で、**尾張・紀伊・水戸**の徳川家は「**御三家**」と呼ばれ、松平家などとは区別されました。②譜代は以前から徳川家に服属していた大名で、**旗本・御家人**とともに幕府を支えます。③外様は関ヶ原の戦い前後から徳川家に服属した大名です。

図4-6　徳川氏略系図

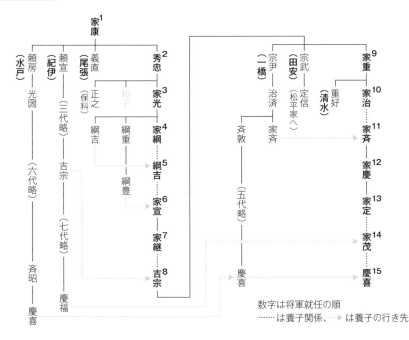

数字は将軍就任の順
……は養子関係、　▶は養子の行き先

125

3代家光による幕藩体制の確立

どの幕府も確立には
3代までかかる

◇幕藩体制の確立　　江戸幕府の国内体制

　3代将軍徳川家光の頃、江戸幕府の「幕藩体制」は確立します。強力な領主権を持つ**幕府（将軍）と藩（大名）が、全国の土地と人民を直接統括支配**する国内体制です。幕府の政策範囲内で各藩に地方分権的な独自支配を認めながらも、寺社奉行と本山・末寺を通じた**寺請制度**で全国民を仏教に入信させ、戸籍として**宗門人別改帳**を作成し、将軍が把握しました。

　江戸幕府は各藩や朝廷・寺社勢力を圧倒し、中世の鎌倉・室町幕府とは比較できないくらいの強さです。**経済力**は……直轄地である**幕領〔天領〕**は約400万石で、将軍直属の旗本知行地の300万石が加わり、計700万石となります。これは全国3000万石のうち4分の1以上を占めます。また、佐渡金山・石見銀山・生野銀山・足尾銅山など**主要鉱山を直轄**し、金座・銀座・銭座で**貨幣鋳造権を独占**しています。そして、江戸・京都・大坂の「三都」をはじめ駿府・長崎・堺・奈良・日光などの**主要都市**や、「**五街道**」「**脇街道**」などの**主要街道を直轄**しています。さらに、長崎において**中国・オランダとの貿易を独占**しています。**軍事力**は……将軍直属（＝**直参**）の**旗本・御家人**を合わせ俗に「旗本八万騎」とされ他を圧倒しています。さらに各大名に対し、戦時は**軍役**、平時は**お手伝い普請**を負担させています。

　1635年の武家諸法度寛永令では、大名に国元と江戸とを往復させ、1年ずつの居住を強制する**参勤交代**を制度化し、**500石積以上の大船建造の禁**を定め、各藩の経済力・軍事力を削りますから、**将軍独裁体制**は盤石です。大名の妻子は、人質のように江戸の**藩邸**住みを強制されています。

◇江戸幕府の職制——将軍独裁体制——

　鎌倉幕府の執権、室町幕府の管領のように、江戸幕府には将軍の補佐役が存在せず、**将軍独裁体制**となっています。**大老**は非常置の最高職で、10万石以上の譜代から選ばれます。初め年寄と呼ばれた**老中**は政務の総括を行う常置の職で、2万5千石以上の譜代・親藩から5名ほどが選ばれます。老中の補佐をする**若年寄**は2万5千石未満の譜代で、これも5名ほど。その他、将軍直属の役職には**側用人**・**寺社奉行**・**奏者番**・**京都所司代**・**大坂城代**があり、原則的に譜代大名が就任しました。前田（加賀藩）・島津（薩摩藩）・伊達（仙台藩）・細川（熊本藩）・黒田（福岡藩）・毛利（長州藩）など石高の多い名門の外様ですら、文字通り出番はありません。

　（江戸）**町奉行**・**勘定奉行**・**大目付**や各地の奉行は老中、**目付**・**火付盗賊改**などは若年寄の支配下にあり、1万石未満の旗本の役職です。同心などの下級役人は御家人が務めました。

図4-7　江戸幕府の職制

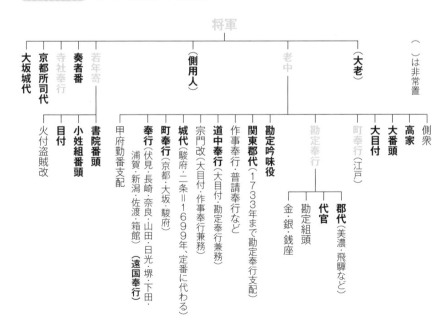

江戸幕府の宗教統制と寛永期の文化

全国民が仏教徒＆
文化の本場は京都

幕府の宗教統制　寺社の統制とキリスト教禁止

　中世は公家・武家・寺社勢力が並立する時代でしたが、近世は武家による天下統一の時代です。公家勢力の朝廷に関しては、禁中並公家諸法度（1615年）を制定し、京都所司代が2名の武家伝奏を通じて統制しました。寺社勢力は、**諸宗寺院法度**と**諸社禰宜神主法度**（1665年）を制定し、**寺社奉行**が統制しました。全国民が各宗派の寺に檀家として属し、結婚・奉公・旅行などに際し檀那寺が寺請証文を発行するなど、**寺院を通しての直接支配**を行いました。これを**寺請制度**〔**寺檀制度**〕と呼びますが、キリスト教禁止のために、それだけのことが行われたのです。

　禁教の理由は、ポルトガル・スペインの侵略に対する懸念と、何よりも**信者の団結・抵抗の強さを怖れて**のことでした。1612年、幕領〔天領〕に**禁教令**を出し、翌年、全国に広げます。1614年、高山右近ら300人余りをマニラ・マカオに追放、1622年には長崎で宣教師・信徒ら55名を処刑（＝元和の大殉教）、1630年に禁書令で洋書の輸入を禁止しました。しかし、**島原の乱**〔**島原・天草一揆**〕（1637〜38年）が起きたのです。

　天草四郎時貞を中心に**3万人余りのキリシタン農民や牢人が蜂起**し、原城跡に立てこもります。幕府は九州の外様など約12万人を動員し、譜代の板倉重昌が指揮に当たるも失敗。**老中松平定信が出陣**し、オランダ船の援護も得てようやく鎮圧しました。1639年にポルトガル船の来航を禁止し鎖国を推進、九州北部を中心に**絵踏**を実施して改宗を強制しますが、迫害に屈せず殉教する者や、秘かに信仰する**潜伏キリシタン**も残りました。

◇寛永期の文化——江戸時代前期の文化——

江戸時代前期の文化を、**3代将軍徳川家光**の治世の代表的な元号から、寛永期の文化と呼びます。桃山文化の豪華さを継承しつつ、伝統的な公家文化も復活します。将軍・大名と公家・京都の町衆が担い手で、社会の安定に伴い、**優雅で落ち着いた文化**となりました。

東日本では、下野国（栃木県）にある日光東照宮が**権現造**の名建築で、陽明門も豪華絢爛。西日本では、京都の桂離宮・**修学院離宮**が数寄屋造の名建築で、静謐な回遊式庭園は海外の VIP に好評です。「舞台」のある清水寺本堂や比叡山延暦寺根本中堂は、誰もが訪れる観光名所。また、**隠元隆琦**が明から伝えた禅宗の一派、**黄檗宗**の寺院も有名で、宇治の万福寺大雄宝殿、長崎の崇福寺大雄宝殿は、中国洋式の建築が特徴的です。

京都の芸術家本阿弥光悦と**俵屋宗達**（装飾画『風神雷神図屏風』）、有田焼〔伊万里焼〕の**酒井田柿右衛門**なども活躍する時期でした。

図4-8　寛永期文化の各分野重要ベスト３！

建　築	1	日光東照宮（下野国、権現造）
	2	桂離宮　　　　（京都、数寄屋造）
		※八条宮智仁親王の別邸で回遊式庭園の代表
	3	延暦寺根本中堂（近江国）
絵　画	1	風神雷神図屏風（俵屋宗達）➡ 京都の町衆
	2	大徳寺方丈襖絵　　（狩野探幽）
	3	夕顔棚納涼図屏風（久隅守景）➡ 狩野探幽に破門される
その他	1	藤原惺窩（朱子学の一派である京学の祖）
		※南学の祖は戦国期の南村梅軒や弟子の谷時中
	2	林羅山〔道春〕（林家の祖、藤原惺窩の弟子）
		※子の林鵞峰〔春斎〕や孫の林鳳岡〔信篤〕も活躍
	3	住吉如慶
		※子の具慶は土佐派から分離して幕府御用絵師となる

文治政治

足し算・掛け算の季節から、
引き算・割り算も必要な季節へ。

　1651年、3代将軍家光が病死した時、改易・転封・減封を断行する**武断政治**で増えた牢人らによる**慶安の変**〔**由井正雪の乱**〕が起きます。これを機に幕府は「武力に訴えず**朱子学に基づく徳治主義により人々を教化する**」文治政治に転換します。これは幕末まで続きますが、通常「文治政治期」といえば4〜7代将軍を指し、大きく3期に分けて整理します。

　4代将軍家綱は、叔父の**保科正之**の補佐を受けて文治政治への転換を進めましたが、1657年の**明暦の大火**〔**振袖火事**〕が財政を苦しめます。また、後継ぎができず籠りがちの晩年は、大老の**酒井忠清**が専権を振るいました。

図4-9 ## 文治政治期の内政と外交

	時　期	内　政
武家諸法度寛文令	1663年	キリスト教禁止を明文化
4代家綱	**17世紀後半** ※1651年慶安の変〜 　1673年分地制限令	文治政治への転換 ※末期養子の禁緩和・殉死の 　禁止・大名証人制緩和
武家諸法度天和令	1683年	旗本の諸士法度も統合
5代綱吉	**17世紀末〜18世紀初め** ※1681堀田正俊大老〜 　1707富士山噴火	**文治政治の頂点** ※学問の重視 ※生類憐みの令
生類憐みの令廃止	1709年	綱吉の死の直後に廃止
6代家宣〜 7代家継	**18世紀前半** ※1710閑院宮家　創設 　1714正徳小判　鋳造	「正徳の治」という小改革 ※将軍の地位・権威を強化 ※儒教的な理想主義に走る

　5代将軍綱吉は、家綱の弟です。酒井忠清を処分して将軍権力を強化、堀田正俊を大老とし、当初は「天和の治」と呼ばれる善政を行いました。ところが、堀田正俊が江戸城内で殺害された後は、側用人の柳沢吉保を登用し、彼と母の桂昌院以外の意見をほぼ聞かなくなります。趣味に近い学問を奨励し、大寺社の造営・修築にも莫大な費用を投入するなど財政難に拍車がかかります。また、兄と同様に後継ぎができず生類憐みの令を乱発して貨幣改鋳も行います。戦国の遺風は消滅し、治安は良くなっても社会が停滞してしまい、「犬公方」と陰口されるように。人々は鬱憤晴らしで赤穂浪士討ち入りに熱狂しますが、1707年には富士山が大噴火しました。

　6・7代将軍の家宣・家継は、儒学者の新井白石と側用人の間部詮房を登用し「正徳の政治」と呼ばれるミニ改革を行いますが、理想を追いすぎ、大した効果が上がらないまま、7代将軍が満6歳で亡くなり退場します。将軍家の本家は途絶えてしまったのです……。

外　交	補　佐	将軍追加情報
"鎖国" の継続 ※シャクシャインの戦い	保科正之 大老酒井忠清	世継ぎが生まれず
"鎖国" の継続 ※長崎郊外に唐人屋敷	大老堀田正俊 側用人柳沢吉保	「犬公方」 ※4代家綱の弟
長崎貿易の制限 ※海舶互市新例	侍講新井白石 側用人間部詮房	年配＆幼少の親子 ※6代は5代綱吉の甥（養子） ※7代で将軍家本家途絶える

4代家綱と5代綱吉の前期治世

幕府のアップデート

◇4代家綱の治世　文治政治への転換

　初代将軍徳川家康から3代家光までは、大名に対し**改易・転封・減封**を断行する武断政治が行われました。幕藩体制確立の過程で将軍が舐められないよう、外様のみならず親藩・譜代でも容赦ありません。外様の福島正則（広島藩）・加藤忠広（熊本藩）、親藩の松平忠輝（越後高田藩・家康の6男）・徳川忠長（駿府藩・家光の弟）、譜代の本多正純（宇都宮藩）らが次々に改易され、家臣たちは牢人〔浪人〕として路頭に迷いました。

　1651年、3代家光が病死し、満10歳の家綱が新将軍に就任するタイミングで、牢人たちを中心に**慶安の変**〔**由井正雪の乱**〕という幕府転覆のクーデタ未遂が起きます。翌年も老中襲撃未遂が起きたことで、幕府は文治政治に転換しました。**武力に訴えず、朱子学に基づく徳治主義により人々を教化していく**という方針です。

　4代家綱は、叔父の**会津藩主保科正之が補佐**していた約20年は、良い治世でした。50歳未満の大名の末期養子（死ぬ間際の養子）を認め、殉死を禁止し、大名証人制（江戸城への家臣の人質）を廃止して、文治政治への転換を進めました。しかし、10万人以上が亡くなった**明暦の大火**〔**振袖火事**〕（1657年）の後遺症が財政を苦しめます。それでも、焼け落ちた江戸城の天守閣をあえて再建せず、江戸城下の復興に注力した名公方でした。

　ただ、将軍として最重要である**世継ぎに恵まれず引きこもりがち**になった晩年は、江戸城下馬所の前に屋敷があった**大老酒井忠清**が、「下馬将軍」と呼ばれるほどの専権を振るってしまいます。

◇5代綱吉の前期治世──天和の治──

　徳川綱吉は上野国館林藩主でしたが、世継ぎのいない兄の後を継いで5代将軍となりました。突然、わが子が将軍となった桂昌院は、もとは「玉」という名の京都の八百屋娘で、1634年の3代家光上洛時に見初められ、側室となったことで「玉の輿」の語源となっており、幸運な母子ですね。

　綱吉は、専横が目に余る**酒井忠清を罷免**し、**大老に堀田正俊を登用**して清廉潔白な「天和の治」を展開します。将軍の代替わりごとに改正される武家諸法度の冒頭を、「文武弓馬の道、専ら相嗜むべき事」から、文治政治を意識した「文武**忠孝**を励まし、**礼儀を正すべきこと**」に変更し、これは幕末まで定番化しました。しかし綱吉は、江戸城内における若年寄稲葉正休による大老堀田正俊殺害後、**側用人柳沢吉保を登用**して、彼と母の桂昌院以外の意見をほとんど聞かなくなります。兄の4代家綱と同様に**世継ぎも生まれないまま**、政治は混乱していきます。

図4-10　文治政治期の各藩の名君

池田光政（岡山藩、外様）	日本初の郷学閑谷学校を創設 ※陽明学者熊沢蕃山〔了介〕を家老に登用
保科正之（会津藩、親藩）	3代将軍家光の異母弟で甥の**4代家綱を補佐** ※南学の朱子学者山崎闇斎に学ぶ
徳川光圀（水戸藩、御三家）	歴史書『大日本史』編纂を開始 ※明から亡命した**朱舜水**を招く
前田綱紀（加賀藩、外様）	東寺に100の桐箱を献上 ➡『**東寺百合文書**』 ※京学の朱子学者木下順庵らを招く

理想はいいが
カネがない

5代綱吉の後期治世　財政の破綻と社会の混乱

　独裁傾向を強めた5代綱吉は、**金に糸目をつけず文治政治を展開してい**きます。①**学問の重視**。安井算哲〔渋川春海〕が**貞享暦**を作成し天文方となり、北村季吟が歌学方に就任。**湯島聖堂・聖堂学問所を創設**し、林家を大学頭に代々任じて**朱子学**を統制させます。②**寺社の造営・修築**。護国寺・護持院を建立し亮賢・隆光を重用。寛永寺・増上寺を修築し、東大寺大仏殿も再建します。③**服忌令**。喪に服し忌引きをする日数を定め、死を忌み嫌う風潮が広まります。④**生類憐みの令**。繰り返し出された極端な**動物愛護令により社会が停滞**。綱吉は「**犬公方**」と呼ばれ非常に不評でした。しかし、他人を顧みず武力を頼りに立身出世をはかる戦国以来の価値観は、傾奇者ともども否定され、治安は良くなりました。⑤**朝廷儀式の復興**。東山天皇の即位時に221年ぶりの大嘗祭を実施。また、192年ぶりに賀茂祭も再興し、この時から葵祭と呼ぶようになりました。

　財政難に苦しむ幕府は、**1695年**、勘定吟味役荻原重秀の建議により、粗悪な**元禄小判**を鋳造して約500万両の出目（差益）を得ますが、改鋳による貨幣価値の低下により物価高が進行し、都市民を苦しめます。そのような中、**赤穂事件**（1701～02年、赤穂浪士の吉良邸討入り）という戦国風の仇討ちが発生し、文治政治に飽きた人々を一時的に熱狂させましたが、不満は増大し続けました。1707年、**富士山が大噴火**し、降灰被害と復興のための「諸国高役金」賦課が人々に追い打ちをかけ、**経済は破綻し、社会は大混乱**しました。1709年、綱吉は世継ぎが生まれないまま亡くなります。

◇6代家宣・7代家継の治世──正徳の政治──

　甲斐国甲府藩主の徳川綱豊が叔父綱吉の養子に入り、47歳で**6代将軍家宣**となります。この時、江戸に随行した朱子学者の**侍講新井白石**と**側用人間部詮房**が、綱吉の後期治世「元禄期」に反発して改革を進めます。3年後に家宣が亡くなり、2歳の子が**7代家継**となる事態もあり、**将軍の地位・権威の強化と経済復興を目的**とした「正徳の政治〔正徳の治〕」が展開されました。生類憐みの令は、綱吉の死の直後に廃止されています。

　閑院宮家の創設で皇室に恩を売り、**朝鮮通信使の待遇簡素化**と同時に「**日本国大君**」の号を「**日本国王**」と改めさせて将軍を権威づけました。

　経済政策では、質・量ともに正常に戻した**正徳小判**を鋳造、1715年には**海舶互市新例**〔長崎新令・正徳新令〕を出して長崎貿易を制限し、金・銀流出を防止しました。しかし、家継が6歳で亡くなると**側近政治が譜代・旗本の反発を買い失脚**、将軍家の本家も途絶えてしまいました。

図4-11　金貨成分比の推移

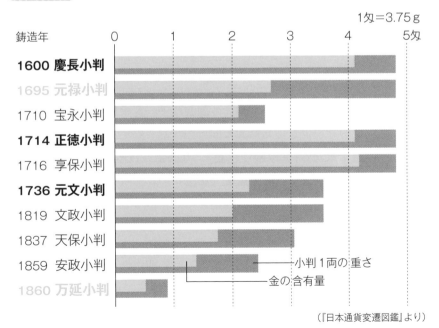

1匁＝3.75g

(『日本通貨変遷図鑑』より)

135

元禄文化

文化の本場は
京都＋大坂＝上方

元禄文化の特色　　上方中心の現世肯定的な文化

　江戸時代中期の文化を、**5代将軍徳川綱吉**の治世の代表的な元号から、元禄文化と呼びます。上方（京都・大坂）の富裕な町人や武士が中心の文化で、現世を「**浮き世**」と見る**現世肯定的**な風潮が一般化、人間性を追求し始めています。4代家綱から**文治政治**が始まったことから、儒学（朱子学・**陽明学・古学・折衷学・考証学**）を中心に学問全般が重視されました。紙の生産や印刷技術の発達、交通の整備による流通網の発展が、文学・美術・工芸・芸能の幅広い需要を下支えしています。また、「"鎖国"体制」が確立したことで外国の影響が弱まり、**日本独自の文化**が成熟しています。

元禄文学　　元禄文化の三大文学者

　①井原西鶴の浮世草子。室町時代の**御伽草子**→寛永期の**仮名草子**に続く小説で、享楽的な現世を捉えた大人向けの作品。好色物『**好色一代男**』、武家物『**武道伝来記**』『**武家義理物語**』、町人物『**日本永代蔵**』『**世間胸算用**』が有名です。②**松尾芭蕉**の蕉風〔**正風**〕俳諧。娯楽性の高い寛永期の貞門俳諧（京都の松永貞徳）や談林俳諧（大坂の西山宗因）に対し、俳諧〔俳句〕を「**さび・かるみ・しおり・ほそみ**」で示される独立した文学に高めました。俳諧紀行文『**野ざらし紀行**』『**奥の細道**』、句集『**猿蓑**』が有名です。③**近松門左衛門**の**人形浄瑠璃・歌舞伎**の脚本。実話や歴史に題材を求め、「浮き世」ではない「**憂き世**」の義理と人情の葛藤を鋭く描写しました。**世話物〔心中物〕**『**曽根崎心中**』、時代物『**国姓爺合戦**』が有名です。

◇芸能の発展──人形浄瑠璃と歌舞伎──

人形浄瑠璃の近松作品は、語り＝竹本義太夫、人形遣い＝辰松八郎兵衛で、大坂の竹本座において空前の人気を誇りました。安土桃山時代の阿国歌舞伎から女歌舞伎→若衆歌舞伎→野郎歌舞伎と発展してきた歌舞伎は、上方・江戸に常設の芝居小屋が置かれ広く普及しました。坂田藤十郎は恋愛劇の和事を得意とし、女形の芳沢あやめとともに上方で活躍。市川団十郎は超人的な荒事を得意とし、江戸で活躍しました。

◇その他の芸術──元禄美術──

絵画では、停滞する幕府御用絵師の狩野派・住吉派、朝廷絵所預の土佐派に対し、京都の尾形光琳の琳派が隆盛。『紅白梅図屛風』『燕子花図屛風』が有名です。江戸では肉筆画『見返り美人図』で有名な菱川師宣が浮世絵版画を創始しました。陶磁器では、野々村仁清が京焼の祖となっています。

図4-12　元禄文化の各分野重要ベスト３！

学　問	1	貝原益軒『大和本草』と稲生若水『庶物類纂』➡ 本草学
		※稲生若水は加賀藩主前田綱紀に仕える
	2	吉田光由『塵劫記』と関孝和『発微算法』➡ 和算
	3	戸田茂睡『梨本集』と契沖『万葉代匠記』➡ 国文学
建築・庭園	1	東大寺大仏殿（奈良）➡ 世界最大の木造建築
		※平重衡や松永久秀に焼かれたが5代将軍綱吉が再建
	2	善光寺本堂（信濃国）
	3	後楽園（備前国、岡山藩）
		※水戸の偕楽園、金沢の兼六園とともに「日本三名園」
その他	1	中江藤樹 ➡ 日本陽明学の祖
		※『翁問答』を著した"近江聖人"
	2	宮崎友禅 ➡ 友禅染〔京友禅〕
	3	円空 ➡ 各地で鉈彫の円空仏や神像を制作

幕政改革期

将軍自らの改革→重商主義→
重農主義→改革の放棄→絶対主義。

　4〜7代将軍の「文治政治期」に財政が破綻し、将軍本家も途絶え危機に陥った幕府は、**御三家の紀伊藩から新将軍を迎え、改革に乗り出しました**。8〜12代将軍の「幕政改革期」は、大きく5期に分けて整理します。

　①享保の改革は、8代将軍吉宗による「**将軍自らの改革**」で、"三大改革"の最初です。5代将軍綱吉以来の側近政治を廃止して、**自らが強力なリーダーシップを発揮**します。物価が安定せず「**米公方**」と陰口されながらも、**幕政の一時的再建に成功**しました。後継の9代将軍家重の治世では、側用人大岡忠光が補佐をしますが、改革は中断します。

図4-13　幕政改革期の内政と外交

	時　期	内　政
8代吉宗	1716〜45年	「享保の改革」 ※将軍自らの改革
9代家重	18世紀半ば	宝暦期 ※改革の中断
10代家治	1767頃〜86年	「田沼時代」 ※重商・現実主義的改革
11代家斉 初期	1787〜93年	「寛政の改革」 ※重農・理想主義的改革
11代家斉 その後	1793〜1841年	「大御所政治」 ※改革の放棄
12代家慶 初期	1841〜43年	「天保の改革」 ※絶対主義的改革に失敗

②田沼時代は、老中・側用人田沼意次による「重商主義的〔現実主義的〕改革」です。10代将軍家治の治世で、優れた官僚・政治家でしたが、賄賂・縁故が横行し、将軍の死去とともに失脚しました。

③寛政の改革は、老中首座・将軍補佐松平定信による「重農主義的〔理想主義的〕改革」で、元将軍候補の親藩大名が尽力した"三大改革"の二番目です。11代将軍家斉の初期治世で、政治は一時的に緊張し幕府の権威も高まりますが、各方面から厳しい統制・倹約の強要に対する不満が増大し、経済活動も停滞、わずか6年で失脚しました。

④大御所政治は、11代将軍（のち大御所）家斉による「改革の放棄」です。約50年にわたる無為無策ぶりで、幕政は取返しのつかないレベルに。

⑤天保の改革は、老中首座・水野忠邦による「絶対主義的改革」で、"三大改革"の最後です。12代将軍家慶の初期治世で、ヤリ手の譜代大名がいくら尽力したところで「もはや手遅れ」の一言。

外　交	補　佐	将軍追加情報
漢訳洋書輸入の禁の緩和	なし	「米公方」 ※米価統制に苦慮
"鎖国"体制の継続	**側用人大岡忠光**	「小便公方」
ロシア交易の計画 ※最上徳内の千島派遣	老中田沼意次 ※側用人兼任	世継ぎが生まれず
"鎖国"体制の維持 ※ラクスマンに信牌渡す	老中松平定信	政治経験なく立場なし ※14〜20歳
"鎖国"体制の強化 ※異国船打払令	老中水野忠成	55人の子を産ませる ※大奥の全盛
"鎖国"体制の動揺 ※天保の薪水給与令	老中水野忠邦	父家斉がようやく亡くなる

享保の改革

将軍自ら
幕府だけは何とか

江戸幕府の財政難　　積極的な改革の必要性

　4〜7代将軍の文治政治期から、幕府は財政難でした。**収入減少の根本要因は「農村における商業的農業の進展」**です。貨幣経済に巻き込まれた農民の階層分化が起き、年貢確保が不安定となりました。さらに、**主要鉱山からの金銀産出量の減少、貿易利潤の減少**なども要因でした。**支出増大の根本要因は、「都市における消費生活の拡大」**です。平和な奢侈生活により諸物価が高騰し米価が相対的に低下すると、年貢米換金により収入を得ている武士は困ります。さらに、**明暦の大火（1657年）後の復興費、5代綱吉の寺社造営・修築費や学問興隆のための出費**なども要因でした。

　しかし、当時の幕府の対策は消極的でした。旗本・御家人（＝幕臣）の知行・俸禄をカットする**借り上げ〔借知〕**。これでは幕臣の士気とモラルが崩壊します。また、農村では、**年貢増徴・特産品への課税・専売制導入**。都市では、**町人への御用金・献金の強要**。これでは農民・町人の不満が蓄積します。さらに**元禄貨幣改鋳**（1695年）による物価高。生産も商売もせず金を遣うだけの武士が一番困る。もはや、積極的な改革が必要でした。

◇享保の改革　―将軍自らの改革―

　1716年、将軍家の本家が途絶え、御三家の**紀伊藩**から**8代吉宗**が就任しました。**「三大改革」の最初は、彼による享保の改革**です。まず、侍講新井白石・側用人間部詮房を罷免して5代綱吉以来の側近政治を廃止、旗本に**足高の制**という役職手当制度を導入し、町奉行大岡忠相など積極的な

人材登用を図りました。そして、江戸城の評定所に**目安箱**を置いて庶民の意見を直接聞き、従来の大名火消・定火消に加えて**町火消**（町人の消防団）や**小石川養生所**（無償の医療施設）の新設につなげます。

司法面では、**相対済し令**を出し、金銭貸借の民事訴訟を扱わないようにして政務を迅速化、『公事方御定書』の編纂で刑事訴訟に一定の基準を初めて導入します。

財政再建策は、まず、幕領で**五公五民の定免法**（年貢率5割の定額税制）を採用。従来は四公六民の検見法（年貢率4割の変動税制）ですから、財政安定と増収が見込め、代官の不正も防止できます。ただし年貢率が上がり農民には不評でした。さらに、**大名から1万石につき100石を上納させる代わりに参勤交代の江戸在府期間を半年に短縮する**上げ米を実施、一時的に財政を立て直します。しかし、米の換金が必須の幕府財政なので、常に米価の調節に悩み「**米公方**」と陰口されます。将軍自らの改革だけに効果は上がっても、幕府のため、と皆に我慢を強いる場面が多い改革でした。

図4-14 積極的な人材登用

人物名	出自	役職など
大岡忠相	旗本	**町奉行**のち寺社奉行（譜代大名となる） ※**町火消**や**小石川養生所**の創設に尽力
神尾春央	旗本	**勘定奉行** ※「胡麻の油と百姓は絞れば絞るほど……」
田中丘隅	川崎宿の名主	代官（"地方巧者"の代表） ※意見書『**民間省要**』を吉宗に献じる
荻生徂徠	儒学の**古学者**	なし（吉宗の諮問に答え『**政談**』を著す） ※経世家として弟子**太宰春台**とともに有名
室鳩巣	儒学の**朱子学者**	**侍講**（兄弟子である新井白石の後継） ※民衆教訓書『**六諭衍義大意**』を著す

田沼時代と寛政の改革

現実主義の反動で
理想主義

田沼時代　　商業資本重視の現実主義的改革

9代将軍家重は、生まれつき言語不明瞭で、しばらく父の吉宗が大御所として後見しましたが、その死後は唯一の理解者である**側用人大岡忠光**を全面的に頼り、改革は中断してしまいます。この家重の小姓から、子の10代家治の側用人→老中にまで出世したのが**田沼意次**です。彼は優れた官僚＋政治家で、商業資本重視の現実主義的な改革を行い、田沼時代と呼ばれます。この頃、9代家重の弟が**田安家・一橋家**、10代家治の弟が**清水家**の「御三卿」に分家し、領地なしで10万石を保障されています。

意次は「世の中はカネ」という現実を深く理解しており、農村からの年貢だけでなく、特権的同業者組合の**株仲間を奨励**することで都市からも**運上・冥加**を得ようとします。また、（実現せずとも）ロシアとの交易や蝦夷地の開発を計画し、長崎貿易も拡大、**銅・鉄・真鍮・朝鮮人参などの専売制**を展開し、金貨中心の貨幣制度への統一を図るなど、**積極的な経済政策**を行います。商人の財力で印旛沼・手賀沼の干拓を試み挫折したくらいです。しかし、官界・政界と財界が接近しすぎると、どうしても**賄賂・縁故が横行**します。目黒行人坂の大火や**天明の飢饉**、**浅間山大噴火**が重なり、「浅間しや富士より高き米相場火の降る江戸に砂の降るとは」と狂歌に詠まれるほどツイていない江戸っ子や同僚の譜代・旗本たちは、「成り上がり」の田沼一族への嫉妬を強めます。若年寄に就任していた子の意知が旗本の佐野政言に江戸城中で殺害されても世論は大喜び、という不人気状態の中、後ろ盾の10代家治が世継ぎのないまま亡くなると、失脚しました。

◇寛政の改革──農村復興重視の理想主義的改革──

　1787年、「御三卿」**一橋家**から、14歳の**11代家斉**が登場。そして、「御三卿」筆頭の**田安家**から、29歳の白河藩主**松平定信**が、複雑な気持ちで老中首座・将軍補佐となりました。彼は、幕府の権威を強め農村復興をはかる理想主義的な改革を行い、「三大改革」のうち寛政の改革と呼ばれます。

　幕府内では、**聖堂学問所における朱子学以外の儒学の講義・研究を禁止**する「**寛政異学の禁**」で学問統制を、大名には**囲米の制**で1万石につき50石を飢饉に備え貯蓄させます。江戸の商人には**七分積金**で町入用（＝町会費）節約分の7割を運用させ、貧民救済を命じます。さらに幕府の年貢米を扱う商人の札差には、**棄捐令**で旗本・御家人の6年以前の借金を帳消しに。また、江戸の治安維持対策として**旧里帰農令**で帰村を奨励し、火付盗賊改長谷川平蔵の提案で、軽犯罪者向けの職業訓練所「**人足寄場**」を立てます。さらに文武奨励・綱紀粛正・出版統制に銭湯の混浴禁止など……。

図4-15　宝暦・天明期の各藩の名君

細川重賢〔銀台〕（熊本藩、外様）	「宝暦の改革」を実施 ※**藩校時習館**を設立
上杉治憲〔鷹山〕（米沢藩、外様）	「**為せば成る　為さねばならぬ……**」 ※**藩校興譲館**を再興
佐竹義和（秋田藩、外様）	勧農政策や殖産興業政策 ※**藩校明徳館**の設立
松平治郷〔不昧〕（松江藩、親藩）	茶人としても有名 ※藩校を明教館と改称

大御所政治と天保の改革

見て見ぬフリの
代償は手遅れ

◇大御所政治　改革の放棄

「世の中に蚊ほどうるさきものはなしぶんぶ〔文武〕というて夜も寝られず」「白河の清きに魚の住みかねてもとの濁りの田沼恋しき」とまで狂歌に詠まれた、寛政の改革を推進する老中首座の白河藩主松平定信。自分より家柄も良く政治経験豊富な15歳上の父の従弟を、正直苦々しく思っていたのが11代家斉です。「尊号一件」という光格天皇とのトラブルにかこつけ、1793年、6年にわたる改革に失敗し35歳で定信は罷免されました。

　この後、**政治意欲のない将軍**（のち大御所）が、50年に渡り率先して**改革を放棄**し、大御所政治〔大御所時代〕と呼ばれます。大奥に入り浸り55人の子を産ませたので、世継ぎの心配だけはありませんが……。

　放置された農村・都市では階層分化が進行し、無宿者や博徒が横行して**江戸とその周辺の治安が悪化**します。のんびり**関東取締出役**〔八州廻り〕を設置し、**寄場組合**という農村どうしの組合を結成させて治安維持に努めますが、効果はありません。対外政策でも、1825年に『**異国船打払令**〔無二念打払令〕』という「近づいたら迷わず撃て」という国際社会では到底受け容れられない野蛮な策を実行します。

　天保の飢饉の最中の**1837年**には、重要直轄都市の**大坂**で**町奉行所元与力大塩平八郎**が反乱を起こし、越後国柏崎における**生田万の乱**をはじめ、影響は全国に波及。各地で一揆や打ちこわしが発生し、幕府の権威は失墜します。この年、家斉は将軍職を退き、ようやく正常な世になるかと思いきや、1841年まで大御所として権力を握り続けました……。

◇天保の改革──手遅れの絶対主義的改革──

1841年、大御所家斉が亡くなり、12代家慶の初期治世で**絶対主義的改革**を強引に試みざるを得なかったのが**老中首座**の浜松藩主水野忠邦です。すでに手遅れであるこの改革を、天保の改革と呼びます。同じ「三大改革」でも、享保の改革は8代吉宗、寛政の改革は吉宗の孫で親藩の松平定信。忠邦は家康の母である於大の方の実家とはいえ譜代大名ですから、倹約令・風俗取締り令・出版統制など厳しい政策はやりにくかったかと……。

また、**株仲間解散令**、棄捐令（今回は借金の半分を帳消し）、印旛沼干拓などの経済政策は、武士・商人から非難されます。また、半強制の**人返しの法**で農村復興と都市人口の抑制をはかり失敗。武蔵国川越藩・出羽国庄内藩・越後国長岡藩の「**三方領知替え**」を撤回したように、大名も容易に転封を受け容れませんでした。**1843年**、権威回復を図り「江戸・大坂周辺約50万石の幕領編入」を目指した上知令も撤回で、**改革は挫折**しました。

図4-16　江戸時代後期の藩政改革

（親藩・外様の**雄藩**）

薩摩藩（外様）	**島津重豪**が調所広郷を登用し財政再建
長州藩（外様）	**毛利敬親**が村田清風を登用し財政再建
肥前藩（外様）	**鍋島直正**〔閑叟〕が均田制を実施するなど自ら改革
土佐藩（外様）	山内豊煕が改革派「おこぜ組」を登用
水戸藩（御三家）	徳川斉昭が**藤田東湖・会沢正志斎**〔安〕らを登用
越前藩（親藩）	松平慶永〔春嶽〕が横井小楠（熊本藩）を招く
宇和島藩（外様）	**伊達宗城**が大村益次郎〔村田蔵六〕（長州藩）を招く

宝暦・天明期の文化と化政文化

政治がダメな時
ほど文化はイケてる

◇宝暦・天明期の文化　　幕政改革前期の文化

　江戸時代後期、18世紀後半の**幕政改革前期**の文化を、当時の代表的な元号から、宝暦・天明期の文化と呼びます。

　時系列順に特徴的な出来事を見ていくと……①8代将軍吉宗の「享保の改革」では、**実学奨励**のため漢訳洋書輸入の禁を緩和（1720年、キリスト教に関係のない洋書に限定）し、**青木昆陽・野呂元丈にオランダ語を学ばせて**洋学〔蘭学〕勃興の契機となりました。また、国学者荷田春満が江戸に下り『創学校啓』を吉宗に提出し、国学の学校設立を訴えます。吉宗には、儒学の朱子学者室鳩巣や、古学者荻生徂徠が仕えていました。②9代家重の治世では、京都で**宝暦事件**（1758年）、江戸で**明和事件**（1767年）という**尊王思想弾圧事件**が起きます。**鈴木春信**が多色刷り浮世絵版画の**錦絵**を創始したのもこの頃です。③10代家治の「田沼時代」には、士風の退廃から文人的武士が出現し、民間の学問・芸術は多様な発展を遂げます。**杉田玄白・前野良沢**らによりオランダ語の翻訳本『**解体新書**』も完成しています（1774年）。④11代家斉初期の「寛政の改革」では、寛政異学の禁（1790年）があり、半官半民の聖堂学問所は、7年後に**昌平坂学問所**と改められ官立化しました。老中松平定信は、国学者**塙保己一**を援助して**和学講談所**を設け、『**群書類従**』を編纂させています。また、出版統制令により**山東京伝**『**仕懸文庫**』（洒落本）、恋川春町『**鸚鵡返文武二道**』（黄表紙）が**発禁**となり、版元の蔦屋重三郎も処罰されました。さらに、『海国兵談』『三国通覧図説』の著者**林子平**を、人心を惑わしたとして処罰しました。

◇化政文化——幕政改革後期の文化——

　江戸時代後期、19世紀前半の**幕政改革後期**の文化を、当時の代表的な元号（**文化・文政**）から、**化政文化**と呼びます。上方と並ぶ経済の中心地に成長した江戸の、幅広い階層の武士・町人が担う文化で、内容は多種多様です。江戸では美意識としての「粋」と、行動原理としての「通」が重視され、「野暮」は徹底して避けられました。

　11代家斉の「大御所政治」の世相を反映した、**享楽的・退廃的な傾向が強い**文化で、風刺や皮肉で現実の憂さを発散しつつ、「幕藩体制」の動揺という現実を直視し、**批判的精神**に満ちていました。また、出版・教育の普及と交通網の発達に支えられ、**都市と農村、三都と地方の文化的交流は盛ん**で、各地の豪商・豪農を中心に**文化の地方普及**も著しい状態でした。

　列強の接近に伴う「"鎖国"体制」の動揺もあり、**伊能忠敬**が尽力し死後に完成した『大日本沿海輿地全図』も重用されるようになりました。

図4-17　宝暦・天明、化政の重要四天王！

宝暦・天明期の文化	1	喜多川歌麿と東洲斎写楽の**大首絵** ※多色刷浮世絵版画（＝錦絵）の手法
	2	石田梅岩『都鄙問答』と安藤昌益『自然真営道』
	3	富永仲基『出定後語』と山片蟠桃『夢の代』 ※私塾懐徳堂（大坂）出身の町人学者
	4	司馬江漢と亜欧堂田善の洋画 ※江漢は**平賀源内**に学び**銅版画**を創始
化政文化	1	葛飾北斎と歌川広重の風景画 ※『富嶽三十六景』と『東海道五十三次』
	2	シーボルトの鳴滝塾と緒方洪庵の適塾 ※それぞれ長崎と大坂にあった蘭学・医学塾
	3	経世家の海保青陵と**本多利明**や**佐藤信淵**
	4	都市の**芝居小屋・寄席**と農村の**村芝居**

近世の社会経済

「幕藩体制」で産業・交通・金融が発達し、
全国ネットワークが完成。

　豊臣政権に続く徳川家の全国統一に伴い「幕藩体制」が確立、江戸時代
中期にはあらゆるものを結ぶ全国ネットワークが完成します。諸産業・交
通・金融が発達し、三都（江戸・大坂・京都）を中心に、他の幕府直轄地や
各藩の城下町を結ぶ商品流通網が形成され、参勤交代の制度化や庶民の旅
行もあり、文化交流も盛んでした。農業・林業・漁業・製塩業などの第一
次産業は、技術の改良や書物の発達で飛躍的に伸びました。鉱山業・手工
業などの第二次産業も生産形態が発展し、全国各地に現在も続く特産物・
名産品を多数生み出します。

図4-18　近世の社会経済の特徴

耕地面積	新田開発により18世紀初めには約2倍に ※代官見立新田 ➡ **町人請負新田**・村請新田など ※玉川上水・箱根用水・見沼代用水など灌漑技術の進歩
農業技術	農具の改良（**備中鍬・千歯扱・唐箕・千石簁・踏車**など） 金肥（**干鰯**・〆粕・油粕など）や農薬（鯨油）の使用 **宮崎安貞・大蔵永常・二宮尊徳・大原幽学**ら農政家の活躍
商品作物	**四木（楮・桑・茶・漆）と三草（紅花・藍・麻）** **菜種（近江・摂津・河内）や綿花〔木綿〕（河内・尾張・三河）** ※特産物・特産地の形成
林・水産業	山がちで海に囲まれる国土の特色を利用 ※尾張藩の**木曽檜**・秋田藩の**秋田杉**など諸藩の保護 ※**地曳網**など網漁を中心とする**上方漁法**が伝播
鉱業	17世紀後半に金・銀の採掘量は減少 精錬技術の進歩 ※従来のたたら製鉄（鉄）の他に**灰吹法**（金銀）・南蛮吹（銅）

交通については「モノは水上、ヒトは陸上」が基本。大量・安定輸送に適する海・湖沼・川などの水上交通は、商品流通網の形成により発展しました。**西廻り航路**（蝦夷地・東北⇄大坂）・**東廻り航路**（東北地方⇄江戸）・**南海路**（大坂→江戸）や、関西の淀川水運・関東の利根川水運などが有名です。

陸上交通は、参勤交代の制度化により発展しました。**五街道**（**東海道・中山道・甲州街道・日光街道・奥州街道**）や**脇街道**は、幕府が直轄しました。

商業・金融などの第三次産業は、①**幕府・諸藩**の**年貢米換金の必要性**。②「**幕藩体制**」の確立による**武士の都市生活**。③**全国的な交通網の発達**。④**幕府による統一的貨幣の鋳造**、という4要素を背景に発展しました。

中世の座に代わり**仲間**と呼ばれる同業者組合が結成され、幕府・諸藩が公認する営業独占権の「**株**」を持つ**株仲間**も登場します。貨幣は、**金・銀・銭の三貨**以外に、各藩の**藩札**も流通し、経済の発展を支えました。

手工業	問屋制家内工業や工場制手工業〔マニュファクチュア〕へ ※各地で特産物の生産が盛ん ※絹は高機、麻・木綿は地機〔いざり機〕で織る
水上交通	**角倉了以（京都）・河村瑞賢（江戸）**ら豪商による水運の開発 河村瑞賢による**東廻り・西廻り航路**の整備 南海路の**菱垣廻船・樽廻船**と尾州廻船の内海船
陸上交通	五街道（東海道・中山道・甲州街道・日光街道・奥州街道） **脇街道**と日光例幣使街道 ※主要街道沿いには宿駅〔宿場〕が置かれる
商業	蔵物（年貢米・国産品）、納屋物（一般品）が全国に流通 大坂の蔵元・掛屋や**二十四組問屋**、江戸の札差や**十組問屋** 運上・冥加を納める**株仲間**が江戸時代中期以降に発達
貨幣経済	幕府による**三貨（金・銀・銭）**鋳造と藩による藩札発行 「江戸（東日本）の金遣い、大坂（西日本）の銀遣い」 三都や各藩の城下町で両替商（**本両替**）が活躍

諸産業の発達

戦い済んだら産業発達

◇農業・林業・水産業の発達——各種技術の発達

　農業に関しては、まず、新田開発により耕地面積が約2倍に増大しました。そして、備中鍬・千歯扱・唐箕・千石簁・踏車など農具の改良、干鰯・〆粕・油粕など金肥の使用、『農業全書』の宮崎安貞、『広益国産考』『農具便利論』の大蔵永常、報徳仕法の二宮尊徳、先祖株組合の大原幽学など農政家の活躍もあり、農業技術が発達しました。また、四木（楮・桑・茶・漆）と三草（紅花・藍・麻）に代表される商品作物栽培が発達し、紅花（出羽）、菜種（近江・摂津・河内）、木綿〔綿花〕（河内・尾張・三河）、藍（阿波）、甘藷（薩摩）など、特産物・特産地が形成されていきます。

　林業に関しては、産地が東北・蝦夷地にまで広がります。幕府・諸藩の保護や植林もあり、尾張藩の木曽檜・秋田藩の秋田杉は有名です。

　水産業に関しては、地曳網など網漁を中心とする上方漁法が伝播し、共同の入会漁業から網元・網子の網元経営へ変化します。鰯（上総国九十九里浜）、鰊（蝦夷地）、鯨（紀伊国・土佐国など）、昆布（蝦夷地）、俵物三種〔いりこ・干し鮑・ふかひれ〕（蝦夷地）などが有名です。また、瀬戸内海沿岸を中心に入浜塩田が発達し、赤穂（播磨）などが有名産地です。

◇鉱業・手工業の発達——生産形態の発展と特産物

　鉱業に関しては、幕府直営の佐渡金山、但馬生野・石見大森銀山、足尾銅山、秋田藩営の院内・阿仁銀山や住友家の別子銅山などが有名です。採掘法も露天掘から坑道法に変わり、金銀の灰吹法（戦国期に博多商人神谷寿

禎が伝える）、銅の南蛮吹など精錬技術が進歩しました。

　手工業に関しては、生産形態が**農村家内工業→問屋制家内工業→工場制手工業〔マニュファクチュア〕**へと発展します。**西陣織**（京都）、**桐生絹**など絹織物、**小千谷縮**（越後）など麻織物、**久留米絣**（筑後）など綿織物は、現在でも有名です。**伏見**（山城）や**灘・伊丹・池田**（摂津）の**清酒**、**野田・銚子**（下総）や**京都・竜野**（播磨）の**醤油**など醸造業も盛んになりました。

◇商業の発達──流通網の完成──

　商業に関しては、**蔵物**（**年貢米・国産品**）、**納屋物**（**一般品**）が三都や各地の城下町を中心に全国で流通し、「**天下の台所**」大坂の**蔵元・掛屋や二十四組問屋**（**荷積問屋**）、「**将軍のお膝元**」江戸の**札差や十組問屋**（**荷受問屋**）などの商人が活躍しました。また、**大坂には堂島の米市・雑喉場の魚市・天満の青物市**、**江戸には日本橋の魚市、神田の青物市**など、**卸売市場**が置かれ、**問屋が仲買**を通じ、小売や武家に対し**納屋物**を売却しました。

図4-19　株仲間の変遷

※「**株**」という特権を得た**仲間**が**運上・冥加**を納める

江戸初期	（17世紀前半）	＝禁止（糸割符仲間・金座・銀座は例外）
元禄時代	（17世紀後半）	＝黙認 ← 5代綱吉
享保の改革	**（18世紀前半）**	＝公認 ← **8代吉宗**
田沼時代	**（18世紀後半）**	＝奨励 ← **10代家治**、老中田沼意次
天保の改革	**（1841年）**	＝解散 ← **12代家慶**、老中水野忠邦
嘉永年間	（1851年）	＝再興 ← 12代家慶、老中阿部正弘
明治維新期	（1872年）	＝廃止

交通・金融の発達

全国ネットワークの完成

交通の発達　モノは水上・ヒトは陸上

　江戸時代の交通は、「モノは水上・ヒトは陸上」が基本です。**水上交通**に関しては、**全国的な商品流通網の形成により発展**しました。3つに分けて整理すると……①**初期豪商による河川・湖沼交通の開発**。京都の角倉了以が、保津川〔大堰川・桂川〕・賀茂川〔鴨川〕・高瀬川（京都）、**天竜川**（遠江）、**富士川**（駿河）を、**江戸の河村瑞賢**が、安治川（摂津）を開発しました。②**河村瑞賢による東廻り・西廻り航路の整備**。特に蝦夷地から日本海を進み、関門海峡から瀬戸内海に入り大坂に到る西廻り航路には、北海の産物や米を満載した**北前船**が就航しました。③**大坂→江戸を一方通行で結ぶ南海路の整備**。**菱垣廻船・樽廻船**の他に、尾州廻船の内海船なども就航し、上方から西陣織や灘・伏見の清酒など、高級品である「下り物（⇔下らない物)」を江戸に持ち込みました。

　陸上交通に関しては、**参勤交代の制度化により発展**しました。これは2つに分けて整理します。①**五街道**（東海道・中山道・甲州街道・日光街道・奥州街道）。江戸の**日本橋**を起点に道中奉行により管理されました。②その他の街道。**脇街道**（伊勢街道・北国街道など）と、朝廷からの日光東照宮への使者が通行する**例幣使街道**が有名です。主要街道沿いには、**問屋場を中心に本陣・脇本陣と旅籠屋・木賃宿**からなる**宿駅**〔宿場〕が置かれ、一里塚を目安に、人々は徒歩や駕籠で**関所**（箱根・新居・碓氷・小仏・栗橋など）や**渡し**（大井川・安倍川など）を通過していきます。早馬や**飛脚**（幕府公用の継飛脚・藩公用の大名飛脚・民間の**町飛脚**）も駆け抜けました。

◇金融の発達——幕府による統一貨幣の鋳造と藩札——

　安土桃山時代までは、和同開珎に始まる本朝十二銭、宋銭・元銭・明銭、私鋳銭などが**同じ「銭」として流通**していました。鐚銭・割銭・欠銭などの悪銭が横行し、良銭を選ぶ撰銭行為が増えて円滑な流通を阻害したことから、室町幕府や戦国大名は、「悪銭と良銭の交換率を規定＋特定の悪銭流通を規定」する**撰銭令**を発布しますが、効果は不十分でした。

　しかし、江戸幕府は、金貨・銀貨・銭貨の**三貨**を金座・銀座・銭座で鋳造させ、「**江戸の金遣い、大坂の銀遣い**」「金・銭は**計数貨幣**、銀は**秤量貨幣**」という差はあれど、**一応の統一的貨幣制度を整備**しました。1636年の**寛永通宝**鋳造と、1695年の元禄金銀以降の**貨幣改鋳**は有名です。また、財政難にあえぐ各藩では、幕府の許可の下に藩内のみで通用する**藩札**を発行します。三都や各藩の城下町では両替商（**本両替**）が活躍し、**大名貸**を行う者もいました。各地の銭両替や質屋・高利貸、無尽・頼母子も盛んです。

図4-20　五街道

1 東海道（江戸～京都のち大坂）
2 中山道（江戸～草津）
3 甲州街道（江戸～甲府のち下諏訪）
4 日光街道（江戸～日光）
5 奥州街道（宇都宮～白河）

起点は江戸の日本橋

近世の外交

「四つの口」があり意外に活発な「"鎖国"体制」は、当時の最善策。

　室町時代に始まった日明貿易・日朝貿易・琉球貿易（中継貿易形式）に続き、戦国末期〜江戸時代初期にはポルトガル人・スペイン人による**南蛮貿易**（**中継貿易**形式）が行われました。豊臣秀吉が始め、徳川家康が承認した東南アジア各地で行う朱印船貿易（**出会貿易**形式）もその流れに加わりましたが、3代将軍家光の治世に「"鎖国"体制」が確立し、江戸時代後期までの日本は、独自の外交路線を貫くことになります。また、同時並行でキリスト教が禁止され、**寺請制度**の導入により、**全国民が仏教徒**となり、将軍の任命した寺社奉行の下で管理されることになります。

図4-21　**鎖国からペリー来航までの道のり**

「"鎖国"体制」の完成

1582年	天正遣欧使節として伊東マンショら4少年を派遣
1600年	オランダ船リーフデ号臼杵に漂着
1604年	糸割符制度を実施 ➡ **南蛮貿易に打撃**
1610年	大御所家康が京都商人田中勝介をスペイン領メキシコに派遣
1612年	幕領〔天領〕に禁教令 ➡ 翌年全国に拡大
1613年	**慶長遣欧使節**として仙台藩主伊達政宗が**支倉常長**を派遣
1616年	中国船以外の来航を平戸・長崎に限定
1623年	アンボイナ事件でオランダに敗れた**イギリスが退去**
1624年	**スペイン船来航禁止**
1633年	奉書船以外の海外渡航および海外5年以上居住者の帰国禁止
1635年	日本人の海外渡航および帰国を全面禁止 ➡ **朱印船貿易終結**
1637年〜	**島原の乱**〔島原・天草一揆〕（〜38年）
1639年	ポルトガル船の来航禁止
1641年	平戸のオランダ商館を長崎の出島に移す

"鎖国"は、19世紀から使用された用語で、誤解も生んできました。確かに欧米から見れば"鎖された国"かもしれませんが、幕府は「四つの口」を開き、意外と積極的に交流をしていたのです。

①「長崎口」は、長崎奉行が置かれた幕府の直轄地で、出島のオランダ商館と郊外の唐人屋敷があり、オランダ・清の両国と国交はなくても通商関係を結んでいます。②「対馬口」は、対馬藩の宗氏が朝鮮の李氏と交易を行っています。また、朝鮮から幕府へ将軍の代替わりごとに通信使が派遣され、外交関係が結ばれました。③「薩摩口」は、薩摩藩の島津氏が、日中両属状態の琉球王国の尚氏を支配しています。また、琉球から幕府へ将軍の代替わりごとに慶賀使、国王の代替わりごとに謝恩使が派遣されました。④「松前口」は、松前藩の松前氏が蝦夷地のアイヌと交易しつつ、支配状態にありました。

このような"鎖国"は、結果的に安定した支配体制の維持につながりました。

列強の接近

1792年	ロシア使節ラクスマン根室に来航
1804年	ロシア使節レザノフ長崎に来航
1806年	文化の撫恤令〔薪水給与令〕（～07年）
1808年	フェートン号事件 ➡ イギリス軍艦が長崎に乱入
1811年～	ゴローウニン事件（～13年）➡ ロシアと和解
1825年	異国船〔無二念〕打払令
1828年	シーボルト事件 ➡ 国禁の日本地図持ち出し未遂
1837年	モリソン号事件 ➡ アメリカ商船を浦賀・山川で撃退
1839年	蛮社の獄 ➡ 尚歯会〔蛮学社中〕の蘭学者たちを処罰
1840年～	アヘン戦争でイギリスが清を破る（～42年）
1842年	天保の薪水給与令 ➡ 異国船打払令を撤回
1844年	オランダ国王ウィレム2世による開国勧告 ➡ 翌年拒否
1846年	アメリカ東インド艦隊司令長官ビッドル浦賀に来航
1853年	アメリカ東インド艦隊司令長官ペリー浦賀に来航
	ロシア極東艦隊司令長官プチャーチン長崎に来航

「"鎖国"体制」

四つの口でつながる
近世の最善策

◇幕府と「長崎口」　　中国・オランダと通商

"鎖国"という用語は、19世紀初め、長崎通詞（＝オランダ語通訳）の志筑忠雄が、オランダ商館のドイツ人医師ケンペルが著した『日本誌』の付録を『鎖国論』として翻訳したことに始まります。確かに欧米から見れば"鎖された国"かもしれませんが、幕府は「四つの口」を開き、意外と積極的に交流していました。表玄関の「長崎口」は、**長崎奉行**が置かれた**幕府の直轄地**で、出島の**オランダ商館**と郊外の**唐人屋敷**があり、オランダ・清と国交抜きの**通商関係**を結んでいます。**オランダ商館長「カピタン」**は、東インド会社の本社があるバタヴィア（現在のジャカルタ）から来航するごとに『**オランダ風説書**』を長崎奉行に提出し、江戸の将軍へ挨拶に行きます。しかし、『唐人風説書』を提出する清は、江戸には行きません。

◇対馬藩宗氏と「対馬口」　　　朝鮮の李氏と通商

「**対馬口**」は、**対馬藩の宗氏**が朝鮮の**李氏**と交易を行っています。これは、室町時代から続く関係です。また、朝鮮から幕府へ将軍の代替わりごとに**通信使**が派遣され、宗氏が同行しました。文化交流を中心とするこの平和外交は、11代将軍家斉の19世紀初めまで続きました。

◇薩摩藩島津氏と「薩摩口」　　琉球王国の尚氏を支配

「**薩摩口**」は、**薩摩藩の島津氏**が、日中両属状態の**琉球王国**の**尚氏**を支配しています。**1609年**、幕府の許可を得た**島津家久**が侵攻し、国王**尚寧**を

服属させて以来の関係です。与論島以北は薩摩藩領となり、約8万9千石の検地も完了させています。また、琉球から幕府へ将軍の代替わりごとに**慶賀使**、国王の代替わりごとに**謝恩使**が派遣され、薩摩藩が同行しました。

◇松前藩松前氏と「松前口」——蝦夷地のアイヌを実質支配——

「松前口」は、**松前藩の松前氏**が蝦夷地のアイヌと交易しつつ、実質的には支配状態にありました。17世紀初め、**松前慶広**（もと**蠣崎慶広**）が、初代将軍家康から蝦夷地統治とアイヌとの交易独占権を保障されて以来の関係です。途中、**シャクシャインの戦い**（**1669年**）やクナシリ・メナシの戦い（1789年）などの抵抗もありましたが、松前藩は、藩の支配構造を**商場知行制→場所請負制**へと変化させながら、勢力を伸ばしました。

　以上のような**「"鎖国"体制」の目的**は、幕府による貿易利潤の独占とキリスト教禁止の徹底でしたが、結果的に欧米の侵略を回避することになり、安定した「幕藩体制」の維持につながりました。

図4-22　日本からみた外交秩序

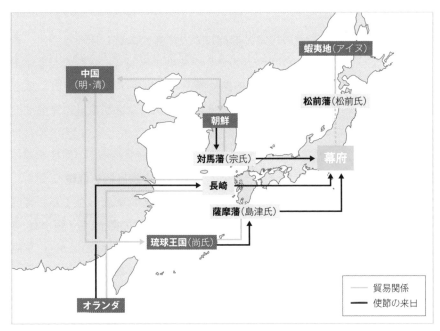

欧米列強の接近

放っといて
ほしかった……

◇欧米列強接近の背景　　領土獲得・交易

　17世紀に**イギリス**、18世紀後半に**アメリカ・**フランスで**市民革命**が起き、皇帝の専制が続く**ロシア**は、シベリア開発や**不凍港**獲得に意欲を持っていました。また、**18世紀後半～19世紀前半**にかけ、イギリス・ベルギー・フランス・アメリカ・ドイツが順に産業革命を達成、原料供給地＆製品販売市場としての**植民地**や**交易拠点**獲得の必要性を感じていました。

◇ロシア船の接近と幕府の対応　　トラブルと和解

　1778～79年に蝦夷地の根室・厚岸にロシア船が来航し通商を要求、松前藩は拒否しました。工藤平助が書いた『赤蝦夷風説考』を読んだ老中田沼意次は、1785年、**最上徳内を千島に派遣**し、ロシア交易を視野に入れたこともありました。**1792年、**ロシア使節ラクスマンが根室に来航した際、幕府は通商を拒否しつつも信牌（長崎入港許可証）を与え、1798年には**近藤重蔵を千島に派遣**しました。この時、『大日本恵登呂府』の標柱を建てたことで北方への意識は高まり、1799年、**幕府は東蝦夷地を直轄**します。

　1804年、信牌を持つロシア使節レザノフが長崎に来航しますが、幕府が追い返したことで北方紛争が起き、**1806年に文化の撫恤令〔薪水給与令〕**を出します。これを翌年に撤回し"文化露寇"が続いたことから、**幕府は西蝦夷地も直轄（＝全蝦夷地を直轄）**します。1808年には間宮林蔵が樺太を探検し、離島であることを発見しました。**1811～13年の**ゴローウニン事件を契機に日露は和解し、1821年に**蝦夷地は松前藩に還付**されます。

◇英・米船の接近と幕府の対応——異国船打払令と薪水給与令——

　1808年、**イギリス軍艦がオランダ商船を追い長崎に乱入**するフェートン号事件が起き、長崎奉行松平康英は引責自刃しました。その後もイギリスは何度も来航・上陸、激怒した**11代将軍家斉**は、**1825年**、異国船打払令を出してしまいます。さらに1828年、国禁の日本地図をオランダ商館のドイツ人医師が持ち出そうとした**シーボルト事件**もあり、欧米への不信感を高めた日本は、**1837年、漂流民送還・通商要求のアメリカ商船を、相模国浦賀・薩摩国山川で撃退**します（**モリソン号事件**）。**1839年**、事態を憂慮した水戸藩主徳川斉昭は将軍に『戊戌封事』を提出するも大きなお世話。さらに渡辺崋山『慎機論』や高野長英『戊戌夢物語』の内容に激怒した幕府は、**尚歯会〔蛮学社中〕の蘭学者たちを処罰**します（＝蛮社の獄）。しかし、**1840年**からのアヘン戦争で**イギリスに対する清の圧倒的不利**が伝わると、**1842年、幕府は異国船打払令を撤回、天保の薪水給与令**を出します。

図4-23 **北方図**

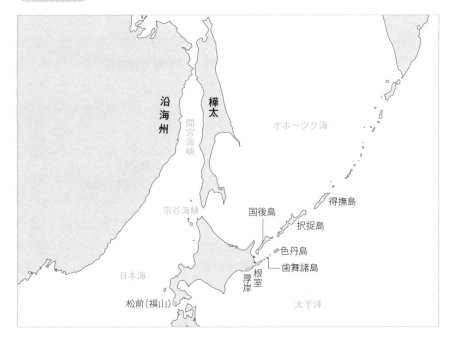

沿海州

樺太

間宮海峡

オホーツク海

宗谷海峡

得撫島

国後島

択捉島

色丹島

歯舞諸島

根室

厚岸

日本海

松前（福山）

太平洋

第1章・原始

第2章・古代

第3章・中世

第4章・近世

第5章・近代

第6章・現代

近世＝武家による
天下統一の時代

安土桃山→江戸（後期まで）

〈まとめ〉
1

織田信長＆豊臣秀吉による天下統一
（安土桃山時代）

立地＋タイミング＋突出した革新性で突き抜ける
※鉄砲とキリスト教の伝来＆秀吉による朝鮮侵略　※桃山文化

〈まとめ〉
2

徳川3代による「幕藩体制」の確立
（江戸時代前期）

初代家康・2代秀忠・3代家光による武断政治
※「"鎖国"体制」確立　※寛永期の文化

〈まとめ〉
3

4～7代将軍による幕府財政の破綻
（江戸時代中期）

文治政治への転換
※元禄文化

〈まとめ〉
4

幕政改革の試み（江戸時代中～後期）

享保の改革（独裁）→田沼時代（現実）→寛政の改革（理想）
※宝暦・天明期の文化

〈まとめ〉
5

改革の放棄と失敗（江戸時代後期）

大御所政治（放棄）→天保の改革（手遅れ）
※化政文化

第5章

近代

"脱亜入欧"の時代

開国と幕府の滅亡

欧米発「世界の一体化」に対処できない
「日本の完成形」の江戸幕府。

　18世紀後半以降、**欧米列強の接近**が相次ぎ、1825年、幕府は**異国船打払令**を出しますが、アヘン戦争でイギリスが清を破る1842年に撤回します。1854年のアメリカを皮切りに**和親条約**を結び開国、「**片務的最恵国待遇**」という**不平等**を背負いました。1858年以降、**通商条約**も締結し、さらに「**領事裁判権の承認**」「**協定関税制**」を背負います。幕政の責任者は、**老中首座阿部正弘→老中首座堀田正睦→大老井伊直弼**と移りますが、**1860年**、**桜田門外の変**で井伊が殺害され、幕府の権威は失墜し将軍独裁体制は崩壊、朝廷の公家勢力と幕府の共存を図る、**公武合体運動**が行われました。

図5-1　幕末の幕政担当者の政治

幕政担当者	時　期	主眼と失脚要因
老中首座阿部正弘	1845～56年	**和親条約の調印** 病で堀田に地位を譲る
老中首座堀田正睦	1856～58年	条約勅許獲得に奔走 失敗して親藩・外様から追及
大老井伊直弼	1858～**60年**	**通商条約の調印・安政の大獄** **桜田門外の変**で殺害
老中安藤信正 老中首座久世広周	1860～**62年**	**和宮降嫁**による公武合体 **坂下門外の変**で負傷
将軍後見職一橋慶喜 政事総裁職松平慶永	1862～66年	**文久の改革**による公武合体 **第二次長州征討**の失敗
15代将軍徳川慶喜	**1841～43年**	フランスを背景とした権力強化 **大政奉還・王政復古の大号令**

皇女和宮の**14代将軍家茂**への降嫁や、文久の改革が江戸で行われた頃、京都では長州藩を中心に尊王攘夷運動が激化しました。しかし、1863年の**八月十八日の政変**で公武合体派が巻き返し、翌年の禁門の変と**第一次長州征討**の結果、尊王攘夷派は壊滅します。1865年には**孝明天皇**が欧米との条約を勅許し、国内はいったん落ち着いたかに見えました。

　ところが、**1866年**にはイギリスを背景とする薩長同盟（西日本）が結ばれ、フランスを背景とする幕府（東日本）と対立を深めます。幕府が同年の**第二次長州征討**に失敗すると、"東西戦争"突入かと思われましたが、**1867年**、15代将軍慶喜が**大政奉還**したことで全面衝突は回避されます。しかし、徳川家の徹底排除を目指す公家や薩長は、**王政復古の大号令**で慶喜抜きの**新政府を樹立**してしまいます。新政府軍は、1868年の鳥羽・伏見の戦いから始まる戊辰戦争で旧幕府軍を破り、東西勢力を統一するのです。

外　交	世　相
4カ国と**和親条約調印**	**とりあえず開国** 朝廷・親藩・外様を含む挙国一致体制
欧米からの圧力 アロー戦争で英仏が清を圧倒	**南紀派の譜代・旗本＝和親外交（開国論）** **一橋派の親藩・外様＝強硬外交（攘夷論）**
勅許なしのまま通商条約調印 **※安政の五カ国条約**	**尊王運動＋攘夷運動が反幕府思想に** 貿易開始＋貨幣改鋳＝激しい**物価上昇**
ロシア軍艦対馬占拠事件 東禅寺事件	攘夷思想〔外国人排斥思想〕の激化 **幕府主導の公武合体運動**
生麦事件・薩英戦争 **下関戦争**・条約勅許	**薩摩など雄藩主導の公武合体運動** **長州など志士主導の尊王攘夷運動の挫折**
フランスが幕府に協力 **※イギリスは薩長に協力**	公儀政体論（幕府・越前・土佐） 武力討幕論（朝廷・薩摩・長州）

開国

グローバル
スタンダード？

◇列強の開国要求と幕府の対応──開国へ──

　1844年、オランダ国王が開国を勧告してきましたが、幕府は拒否します。1846年、アメリカ東インド艦隊司令長官ビッドルが浦賀に来航しますが、これも拒否しました。2年後、カリフォルニアを奪い領土が太平洋岸に達すると、**アメリカは対清貿易船・捕鯨船の寄港地として日本の開国を切望**するようになります。そこで1853年、アメリカ東インド艦隊司令長官ペリーが黒船4隻で浦賀に来航したのです。12代将軍家慶の老中首座阿部正弘（備後国福山藩主）は、フィルモア大統領の国書を正式に受け取り、翌年の解答を約束しました。同年、**ロシア極東艦隊司令長官プチャーチン**は、バカ正直に？　**長崎に来航**していますが……。

◇和親条約の締結と安政の改革──挙国一致体制へ──

　1854年、黒船7隻で神奈川沖に再来航したペリーは、13代将軍家定の老中首座阿部正弘と日米和親条約を締結しました。幕府は翌年にかけ、**イギリス・オランダ・ロシア**とも和親条約を締結し、ここに「**"鎖国"体制**」は崩壊し、日本は開国したのです。しかし、条約には「**片務的最恵国待遇**（日本が一方的に相手国を最優先）」という**不平等条項**が含まれました。

◇通商条約の締結と貿易の開始──物価上昇と攘夷運動へ──

　阿部は、ペリー来航を朝廷に報告し諸大名や幕臣にも諮問したので、**朝廷の権威が高まり親藩・外様や旗本にも政治的発言の機会が発生**しました。

　1856年、下田に着任した**アメリカ総領事**ハリスは、阿部に代わる老中首座堀田正睦（下総国佐倉藩主）と通商条約締結の交渉を開始します。当時行われていた**アロー戦争**で清を圧倒するイギリス・フランスの脅威を説き、説得に成功しました。**1858年**、堀田は念のため条約勅許を得ようと上洛しますが、**孝明天皇**に拒否され、親藩・外様にも批判されて失脚します。そこで、**大老**に就任した井伊直弼（近江国彦根藩主）が、従来通り無勅許のまま**日米修好通商条約**を締結します。そこには、「**領事裁判権〔治外法権〕の一方的承認**」と「**関税自主権の欠如〔協定関税制〕**」という**不平等条項**が含まれました。同年、幕府は、**オランダ・ロシア・イギリス・フランス**とも同様の通商条約を締結しています（＝**安政の五カ国条約**）。

　1859年から**横浜・長崎・箱館**で**イギリス中心**に貿易が開始され（アメリカは南北戦争で後退）、**生糸**や**茶**が輸出され、**毛織物**や**綿織物**が輸入されます。**大幅な輸出超過**や**金銀比価の相違**もあり、激しい物価上昇が起きて人々の不満が爆発し、**攘夷運動**（＝外国人排斥運動）が多発しました。

図5-2　列強のアジア進出

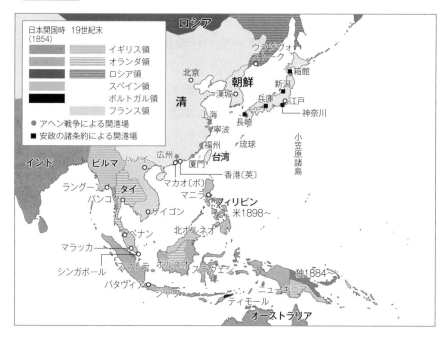

江戸幕府の滅亡

さすがにもたない

◇幕府の弱体化——桜田門外の衝撃——

　大老井伊直弼は、通商条約を無勅許調印し、紀伊藩主徳川慶福を**14代**
家茂として擁立し、反対派を弾圧します。この**安政の大獄**（1858～59年）
に憤激した尊王攘夷派〔尊攘派〕の水戸浪士らは、1860年、江戸城桜田
門外で井伊を殺害します。これが全国に衝撃を与えた桜田門外の変です。

◇公武合体運動——幕府のち雄藩連合が主導——

　朝廷（公家）と幕府（武家）の融和を図る思想が「公武合体論」です。井
伊殺害後、老中安藤信正が、孝明天皇の妹**和宮を14代家茂に降嫁**させま
す。しかし**1862年**、尊攘派志士が江戸城坂下門外で安藤を襲撃し負傷さ
せます。この**坂下門外の変**で、**幕府主導の公武合体運動は挫折**しました。
同年、**島津久光**（薩摩藩主島津忠義の父）ら**親藩・外様の雄藩連合が公武合**
体を主導します。孝明天皇から攘夷実行を含む改革の勅命を受けた久光
が、勅使を奉じ江戸に下り「**文久の改革**」を実施しました。将軍後見職に
一橋慶喜、**政事総裁職に松平慶永**（越前藩主）、**京都守護職に松平容保**
（**会津藩主、傘下に新選組**）が就任し、幕閣がリニューアルされます。改革の
帰途、東海道で久光が起こした**イギリス人殺傷事件**が**生麦事件**でした。

◇尊王攘夷運動の激化と挫折——長州藩の志士が主導——

　この頃、**長州藩尊攘派**が急進派公家と結び、公武合体派を抑え朝廷を
動かします。**1863年**、孝明天皇は義弟の14代家茂を上洛させ、攘夷決行

を命じるも実行されず、長州藩が外国船を砲撃する**下関事件**が起きました。

◇討幕〔倒幕〕運動の最終的成功──江戸幕府の滅亡──

　1863年の**薩英戦争**を経て列強の実力を知る公武合体派は、**八月十八日の政変**で御所から長州藩尊攘派や公家を追放します。1864年、巻き返しを図り集合した志士たちが新選組に襲撃された**池田屋事件**を契機に、京都に攻め上った長州藩は、**禁門〔蛤御門〕の変**で敗れ、朝敵の汚名を着せられた上、**第一次長州征討**で戦わずして屈服します。また、前年の下関事件の報復で**下関戦争**が起き、列強にも屈服しています。しかし、1865年の条約勅許後、**イギリス**がともに交戦経験のある**薩長**に接近、**フランス**が**幕府**を支持し、1866年に土佐藩士坂本龍馬らの尽力で**薩長同盟**が締結されると**第2次長州征討**が行われますが、14代家茂が大坂城で病死し中止となります。1867年、15代慶喜は**討幕派〔倒幕派〕**の機先を制し**大政奉還**をしますが、**王政復古の大号令**で**新政府**が成立し、幕府は滅亡することになります。

図5-3　幕府滅亡への道

1862年	坂下門外の変	幕府主導の公武合体運動挫折
	文久の改革、生麦事件	雄藩主導の公武合体運動
1863年	**長州藩外国船砲撃事件**	長州藩は奇兵隊結成を決意
	薩英戦争	薩摩藩は攘夷の不可能を痛感
	八月十八日の政変、七卿落ち	**尊王攘夷運動挫折**
	天誅組の変、生野の変	尊攘派志士の空振り
1864年	池田屋事件、**禁門の変**	尊攘派の巻き返し失敗
	下関戦争、第一次長州征討	**長州藩屈服**
1865年	条約勅許	「攘夷」の発想消滅
1866年	薩長同盟、第二次長州征討	**倒幕派〔討幕派〕の形成**
1867年	「ええじゃないか」おこる	民衆の乱舞
	大政奉還	**15代将軍慶喜の巻き返し**
	王政復古の大号令	倒幕派の巻き返し
	小御所会議	

明治維新

東西対抗戦の勝利者による、
新たな「近代日本の完成形」の模索。

　ペリー来航に始まる幕末に活躍し、江戸幕府を滅亡に追い込んだ①薩摩藩・長州藩出身者、②薩長同盟を仲介し大政奉還を実現した**土佐藩**出身者、③彼らと結ぶ岩倉具視・三条実美ら**公家**出身者、が中心となった新政府。若い**明治天皇**の下で、中央の実務に長けた旧幕府出身者や、最新技術・制度に詳しく語学力を持つ**肥前藩**出身者も使いつつ、新たな「**近代日本の完成形**」を模索していきます。幕府が欧米列強と結ばされた不平等条約を改正するため「**富国強兵**」「**殖産興業**」をスローガンとし、和魂洋才の心構えで列強に急ぎ追いつこうと、近代国家づくりに励みます。

図5-4 　明治維新の政策と中心人物

テーマ	政　策		その他	
基本方針の設定	**五箇条の誓文**（国外向け） **五榜の掲示、政体書**	（68）	**明治と改元**	（68）
中央集権の確立	**版籍奉還、東京遷都** **廃藩置県**	（69） （71）	**戊辰戦争終結** **太政官三院制**	（69） （71）
軍制の整備	徴兵告諭 **徴兵令**	（72） （73）	陸軍省・海軍省設置 **徴兵令反対一揆**の多発	（72）
金融の整備	**新貨条例** **国立銀行条例**	（71） （72）	太政官札の発行	（68）
税制の整備	壬申地券発行 **地租改正条例**	（72） （73）	田畑売買を許可 **地租改正反対一揆**の多発	（72）
四民平等	封建身分の撤廃 戸籍法	（69） （71）	解放令〔賤称廃止令〕 壬申戸籍編纂	（71） （72）
近代産業の育成	**工部省**の設置 **内務省**の設置	（70） （73）	官営郵便制度の発足 鉄道開通	（71） （72）

"鎖国"を続けてきた日本が、国家としての精神的な敗戦ともいえる"開国"を列強から強制された時、あらゆる身分の老若男女が、幕府の政治・外交・経済政策に対する不安を実感するようになりました。人々の目に見えない危機感が、各藩の志士や公家の命懸けの働きに結集し、旧体制である**幕藩体制＝封建制度を打倒**する「**明治維新**」を可能にします。

新政府の最終目的である条約改正に必要な要素は……①地方分権的な幕藩体制を解体して**中央集権体制を確立**すること、②憲法を筆頭に近代六法を制定し議会を開くこと。③国力を増強し対外戦争に勝利すること、の3つです。

本格的な近代がスタートする明治時代の**初期**は、国家の基本方針を設定して中央集権体制を確立、軍制や税制を整備し、近代産業を育成して国力を増強しつつ、封建的身分を解体する必要がありました。これらを強力に推進したのが"**薩長土肥**"＋公家を中心とする藩閥政府だったのです。

藩閥政府の形成→いわゆる「薩長土肥」	
天　皇	**明治天皇（孝明天皇の子）➡皇族**
公　家	**三条実美（太政大臣）、岩倉具視（右大臣）など➡華族**
薩　摩	**大久保利通、西郷隆盛、黒田清隆、松方正義ら➡士族**
長　州	**木戸孝允、伊藤博文、山県有朋、井上馨ら➡士族**
土　佐	**板垣退助、後藤象二郎**、福岡孝弟、佐々木高行ら**➡士族**
肥　前	**大隈重信、江藤新平**、副島種臣、大木喬任ら**➡士族**
その他	由利公正（越前）、榎本武揚（幕臣）ら**➡士族**

新政府の諸政策

目標は"脱亜入欧"
＝名誉白人？

◇近代国家の基礎──基本方針の設定と中央集権制の確立──

　近代は、教科書的には**1853年のペリー来航から1945年の敗戦まで**をいいます。とはいえ、2020年まで実施された大学入試センター試験では、幕末は大問4の近世扱いなのでややこしいのですが、どんな媒体の掲載でも、少なくとも封建支配がなくなった明治維新からは近代です。

　日本の近代は、一言で言えば**"脱亜入欧"の時代**です。産業革命をいち早く達成した欧米列強は、市場＆原料供給地としてのアジアに目をつけて支配を拡げていきますが、日本はそれを防ぐより、**自らが列強の一員となり支配者側に回るという方針を選択**しました。

　まず、江戸幕府が不平等条約を結ばされた列強諸国や国内の民衆に対し、**1867年の大政奉還→王政復古の大号令→小御所会議により成立した**新政府は、「日本は変わった」と宣言しなくてはなりません。それが**1868年の五箇条の誓文（国外向け）→五榜の掲示（国内向け）→政体書（具体案）**です。これらを打ち出した後、1869年の**版籍奉還**と1871年の**廃藩置県**を経て、江戸時代の「幕藩体制」のような地方分権制ではなく、すべての権力が明治天皇を擁する新政府と、1869年に新首都となった東京に集まる、**中央集権制を確立**しました。

◇「富国強兵」「殖産興業」──不平等条約改正のために──

　近代国家の最低限の仕事は「全国民から徴税し安全を保障すること」です。しかも"脱亜入欧"が目的なら、中国を逆転して亜細亜No.1となり、

欧米に追いつき、あわよくば追い越すため、「富国強兵（ふこくきょうへい）」は必須課題です。

　江戸時代の封建社会では、農民のみから徴税（ちょうぜい）し、皇族・貴族・武士・職人・商人は無税が基本でした。まず、「士農工商（しのうこうしょう）」×→「四民平等」○を打ち出し、**皇族は別格として華族（かぞく）・士族（しぞく）・平民（へいみん）（従来の被差別民（ひさべつみん）も含む）は形式上平等**とします。その上で、**1873年に**地租改正条例（ちそ）で**近代的税制を確立**します。全国民から毎年一定の割合で徴税し、財源を安定させるのです。そして、なるべく多く徴税し、財政を運営していくには、**近代産業の育成**（＝「殖産興業（しょくさん）」）と金融制度の整備が必要ですから、1870年に**工部省（こうぶ）**（重工業）、1873年に**内務省（ないむ）**（農林水産業（のうりんすい）と軽工業）を設置して管轄。1871年に**新貨条例**、1872年に**国立銀行条例**を出して**近代的貨幣・金融制度の確立**を図ります（＝「富国」）。そして、**1873年に徴兵令**を出し、全国民の成人男子に戦闘力をつけ、軍事力の底上げをします（＝「強兵」）。これら、**明治時代初期の「富国強兵」「殖産興業」政策**は、欧米列強から招いた御雇外国人（おやとい）から積極的な助言を受けたことも、大きな特色でした。

図5-5　明治初期の中央官制表

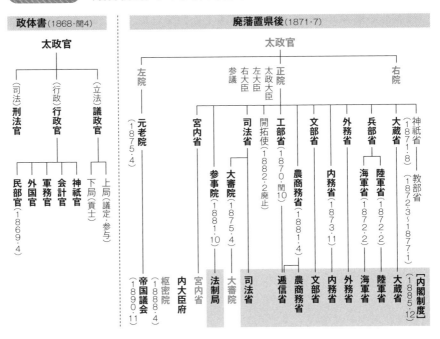

幕末の文化と文明開化

従来の
価値観が……

◇幕末の文化──「和魂洋才」──

　江戸時代末期、19世紀半ばの**開国期**の文化を、**幕末の文化**と呼びます。そもそも江戸時代の思想は、①中国から取り入れて日本に長く根付いた思想（**儒学**）、②日本固有の思想（**国学・神道**）、③西洋から取り入れた新しい思想（**洋学**〔**蘭学**〕）に分かれます。当時の日本は、①②「**和**」の精神を基礎に、③「**洋**」の科学技術を持ち込み、欧米列強の圧力を避けながらこれに追いつこうと考えました。このような姿勢を「**和魂洋才**」といいます。

　熊本藩の**横井 小楠**は、のち越前藩主松平慶永に仕え、和魂洋才の精神を基に開国論を唱え、通商や殖産興業による富国強兵を説き、明治維新の土台を築いた一人です。信濃国松代藩の**佐久間 象山**は、アヘン戦争における清の敗北に衝撃を受け、「東洋道徳」とともに「西洋芸術（＝技術）」も学ぶべきであると、開国論を唱えました。その考えは弟子の旗本**勝海舟**や、長州藩の**吉田 松陰**に引き継がれました。特に松陰は、藩という枠を超えて天皇を中心とする一君万民論を唱えます。彼は、功名や利欲を離れた純粋な心情に徹して己の誠を尽くすべきと説き、志士たちに天皇に対する忠誠の精神を強調しました。また、兵学や儒学の陽明学を修めていたことから「知行合一」の精神を持ち、老中暗殺を企て**安政の大獄**（1858〜59年）で**処刑**されましたが、生前は萩の**松下村塾**において高杉晋作・久坂玄瑞・伊藤博文・山県有朋らを指導して、明治維新の礎となりました。

　来日外国人では、ヘボン式ローマ字のアメリカ人**ヘボン**や、のち明治政府の顧問となったオランダ生まれのアメリカ人**フルベッキ**が有名です。

◇文明開化──西洋文明の導入──

　明治時代初期、文明開化と呼ばれる西洋化の風潮が生じ、日刊新聞・雑誌などを通して都市部を中心に広まり、部分的には庶民の風俗・習慣にも浸透しました。思想界では、封建的な「和魂」が時代遅れとして排斥され、自由主義・功利主義・個人主義などの「洋才」が、森有礼を社長とする啓蒙思想団体明六社のメンバー（福沢諭吉・中村正直・西周・津田真道・西村茂樹・加藤弘之ら）を中心に流行し、天賦人権思想が唱えられました。

　生活文化では、旧暦を排し太陽暦を採用、五節句に代わり祝祭日が制定されました。「衣」は、男性はざんぎり頭に帽子・洋服・靴の使用開始、女性は束髪に和服が主体でした。「食」は都市部を中心に洋風化し、牛鍋が流行しました。「住」は、銀座通りに煉瓦街が登場し、公共建築には西洋風を採用しますが、民家は和風でした。また、ガス灯や電灯（家庭は石油ランプ）・人力車・蒸気機関車・鉄道馬車などが東京名物で、錦絵に描かれました。

図5-6　幕末文化と文明開化の重要四天王！

幕末の文化		
	1	**韮山反射炉**（伊豆国） ※韮山代官**江川太郎左衛門**〔坦庵〕による
	2	**蕃書調所**の設置（江戸） ※洋学所（もと蛮書和解御用）を改称
	3	**ヘボン**や**フルベッキ**の来日 ※アメリカから宣教師として来日
	4	**パリ万国博覧会**に日本初参加（1867年）

文明開化		
	1	**神仏分離令**（1868年）と大教宣布の詔（1870年） ※**神道国教化は失敗**し仏教が**廃仏毀釈**から復興
	2	**文部省**設置（1871年）と**学制**（**1872年**）
	3	福沢諭吉の**慶応義塾**（東京）と新島襄の**同志社**（京都）
	4	**東京大学**の設置（1877年） ※のち**帝国大学 ➡ 東京帝国大学**（7+2＝**九帝大**の頂点）

自由民権運動

階級なき「全員参加型」
近代政治の理想と現実。

　明治前期、薩摩藩・長州藩出身者が中心の**藩閥政府に対する不満**が噴出しました。**士族**は四民平等や廃刀令で特権を剥奪され、徴兵令で御役御免。秩禄処分で手当もなくなり困窮します。**平民**は、被差別身分の解放令・太陽暦導入・学制・徴兵令・地租改正などの新政策に反発します。しかし、**士族の反乱**や**農民一揆**より、言論闘争こそが近代です。**自由民権運動**とは、**言論による国会開設運動**、特に選挙のある民撰議院＝衆議院開設運動です。民権運動は6期に分けて整理します。2期を経た1881年、9年後の1890年からの帝国議会開設が決定し目的を果たしますが、その後が大変でした。

図5-7　自由民権運動の展開

運動の段階	時　期	性　格
明治六年の政変	1873年	征韓派が下野
士族民権	**1874年〜** 1877年	**下野した士族中心の運動** ※土佐・肥前出身者など
西南戦争	1877年	武力闘争の終結
豪農〔豪商〕民権	**1878年〜** 1881年	**平民まで運動が広がる** ※豪農・豪商が参加
国会開設の勅諭	1881年	松方デフレのため運動停滞
農民〔貧農〕民権 **※激化・衰退**	**1881年〜** 1886年	**民権派内で勢力分散・対立** ※**激化事件**を起こし衰退
ノルマントン号事件	1886年〜	鹿鳴館外交への反発激化
再　燃	**1886年〜** 1889年	**民権派の再結集** ※大同団結
第一回衆議院総選挙	1890年	民権派政党が過半数を獲得

①**士族民権**。1874年、民撰議院設立の建白書を太政官左院に提出したのは、板垣退助など土佐藩出身者を中心とする士族でした。**1875年**に**愛国社を結成**しますが、**讒謗律・新聞紙条例で弾圧**されます。②**豪農〔豪商〕民権**。西南戦争前後のインフレーションの中、地租が定額金納だったことから経済的に余裕のあった豪農・豪商が参加し、民権運動は裾野を拡げます。**1880年、国会期成同盟を結成**しますが、**集会条例で弾圧**されます。③**農民民権**と④**激化**。1881年から「**松方デフレ**」の不況の中、板垣退助ら**フランス流急進主義の**自由党や、大隈重信ら**イギリス流漸進主義の**立憲改進党へ十分な資金が流れなくなり、貧農たちの激化事件により、民権運動は⑤**衰退**します。その後、**ドイツ流保守主義の**政府による「鹿鳴館外交」の失敗を契機に民権派の大同団結が進み、**1887年に三大事件建白運動へと結実し**⑥**再燃**します。しかし、**保安条例で弾圧**されます。

　このように、常にイタチごっこ……。

契　機	転　機	政府の弾圧
民撰議院設立建白書（74） ※**太政官左院**に提出	**大阪会議（75）** **愛国社結成（75）**	**讒謗律・新聞紙条例**（75） ※愛国社解散
三新法制定（78） 愛国社再興（78）	**国会期成同盟（80）** ※愛国社が発展	**集会条例（80）**
松方デフレ財政（81～）	**福島事件（82）** **秩父事件（84）**	県令〔県知事〕と対立 警察・軍隊の出動
大同団結運動（86～） ※**民権派の再結集**	**三大事件建白（87）**	**保安条例**（87）

新政府への抵抗

一気に
変えすぎなんだよ！

◇士族の反乱──こんなはずでは……──

　薩摩・長州・土佐・肥前・越前・熊本など雄藩出身者にとっては、明治維新は大歓迎です。「地方公務員」だった藩士が、「中央のキャリア官僚」や「ノンキャリア国家公務員」になれるわけですから。榎本武揚、大鳥圭介のような**幕臣**も、幕政＝国政の実務経験が重宝されます。また、中浜万次郎〔ジョン万次郎〕、浜田彦蔵〔ジョセフ＝ヒコ〕、長州ファイブ〔長州五傑〕（伊藤博文・井上馨・井上勝・遠藤謹助・山尾庸三）、森有礼、福沢諭吉、新島襄、渋沢栄一のような**欧米渡航経験者**も活躍の場があります。しかし、新政府に特別な縁故のない普通の（？）**士族**にとっては、あまりにも急速な近代化政策は大迷惑でした。

　①1873年の徴兵令発布と**征韓論の挫折**で仕事を失い（翌年に北海道の屯田兵の募集はありますが）、②1876年の秩禄処分で経済力を失い、③同年の廃刀令で心が折れます。明治維新になり、江戸時代に持っていた苗字・帯刀・切捨御免という特権や、軍事・政治・司法・立法の独占権を全て失ってしまったわけですね……。

　1874年の佐賀の乱（江藤新平ら）に始まり、**1876年**には熊本県で神風連〔敬神党〕の乱、福岡県で秋月の乱、山口県で萩の乱（前原一誠ら）。そして、**1877年**に九州各地で約4万人が蜂起した**西南戦争**（西郷隆盛ら）へと続く**士族の反乱**は、ことごとく鎮圧されました。最強のはずの士族軍が敗れ、新政府の徴兵軍や最新兵器の実力が広く認知されたことから、**以後は言論闘争である自由民権運動へと不平士族が合流**することになります。

◇平民の抵抗——この政策は嫌！——

　江戸時代の農・工・商や被差別身分（えた・ひにん）を合わせた平民たちも、急速な近代化や解放令〔賤称廃止令〕（1871年）、**学制（1872年）**、太陽暦採用、**徴兵令、地租改正（1873年）** などへの不満を募らせており、これらに反対する**一揆**や**暴動**を起こすことがありました。

　特に、1877年の西南戦争直前には、激しくなった**地租改正反対一揆**の影響で、定額金納の**地租を3%から2.5%に引き下げ**ざるを得なくなり、「竹槍でドンと突き出す二分五厘」と言われました。

◇民権運動への不満集約——藩閥だけに政治を任せるな！——

　以上のような**士族・平民の新政府に対する暴力的な抵抗**は、当然、政府の警察力・軍事力で抑え込まれます。そのことから、最終的には**言論闘争**である自由民権運動に不満のはけ口が集約されていくことになりました。

図5-8 「新政府への抵抗」主な出来事

1871年	身分解放令	えた・ひにん身分廃止 ➡ "新平民"
1872年	**学制**	**学制反対一揆**
	太陽暦採用	旧来の慣習は変わらず
1873年	**徴兵令**	**徴兵令反対一揆**〔血税騒動〕
	地租改正条例	**地租改正反対一揆**（とくに76年）
	征韓論の敗北	**明治六年の政変**
1874年	**佐賀の乱**	前参議江藤新平ら挙兵
1876年	**廃刀令、秩禄処分**	士族の不満爆発
	神風連〔敬神党〕の乱	太田黒伴雄ら挙兵
	秋月の乱、**萩の乱**	宮崎車之助、**前参議前原一誠ら挙兵**
1877年	**西南戦争**	前参議西郷隆盛ら挙兵
1878年	**紀尾井坂の変**	**大久保利通暗殺**
	竹橋事件	近衛兵の反乱

自由民権運動

こっちの話も
聞いてほしい！

◆国会開設決定まで──士族民権→豪農〔豪商〕民権──

　自由民権運動とは、言論による**民撰議院＝衆議院開設運動**です。1874年、薩長藩閥の「有司専制」に反対し、民撰議院設立の建白書を太政官左院に提出した愛国公党のメンバーは、**板垣退助・後藤象二郎**など土佐藩出身者を中心とする**士族**でした。立志社（高知県）など各地に**政社**を結成した後、**1875年**に全国組織として大阪で**愛国社を結成**しますが、**大阪会議**で板垣退助が政府に戻ってしまい、さらに**讒謗律・新聞紙条例**で弾圧される始末。

　しかし、西南戦争前後のインフレの中、地租が定額金納であることで経済的に余裕のあった**豪農・豪商**が参加し、民権運動は裾野を拡げます。1878年に愛国社が再興され全国で演説会を開き、**三新法**（郡区町村編制法・**府県会規則・地方税規則**）制定による地方議会開設などもあり、国民が政治に興味を持ったことが大きな要素でした。**1880年**、愛国社は東京に進出して国会期成同盟に発展しますが、**集会条例**で２度目の弾圧を受けます。

　1881年、北海道開拓長官**黒田清隆**が、同じ薩摩藩出身の**政商五代友厚**に対し、不当な低価格で官有物を払い下げようとして、世論の非難を浴び中止となります（＝**開拓使官有物払下げ事件**）。この汚職を新聞社に漏らしたと疑われた肥前藩出身の**大隈重信**は、当時国会の早期開設論を唱え、黒田ら薩長藩閥の時期尚早論と対立していたこともあり**参議を罷免**され、民間に下野しました（＝**明治十四年の政変**）。公家出身の岩倉具視や長州藩出身の**伊藤博文**ら政府の主要メンバーは、明治天皇から**国会開設の勅諭**を受け、**1890年の国会開設を公約**することになります。

◇国会開設決定後──農民〔貧農〕民権で激化・衰退→再燃──

　9年後の国会開設が決まったことで、**中江兆民・植木枝盛**らの民権論が高揚し、**私擬憲法〔憲法私案〕**の制定や政党の結成が行われます。また、岸田俊子・景山英子ら女流民権家も登場しました。

　しかし、**1881年から続く「松方デフレ」の不況**の中、板垣退助ら**フランス流急進主義の**自由党（士族・豪農・豪商・貧農が支持）や、大隈重信ら**イギリス流漸進主義の**立憲改進党（知識人・都市実業家が支持）へ資金が十分流れなくなり、とくに自由党系が急進化します。1882〜86年に**農民〔貧農〕**たちが各地で起こした**激化**事件により、民権運動は**衰退**しました。

　その後、**ドイツ流保守主義の**政府による「鹿鳴館外交」の失敗（1886年、ノルマントン号事件など）を契機に民権派の**大同団結運動**が進み、**1887年に三大事件建白**（地租の軽減・言論集会の自由・外交失策の回復）へと結実し**再燃**します。しかし、政府は**保安条例**で**3度目の弾圧**をするのです。

図5-9　主な政社と激化事件

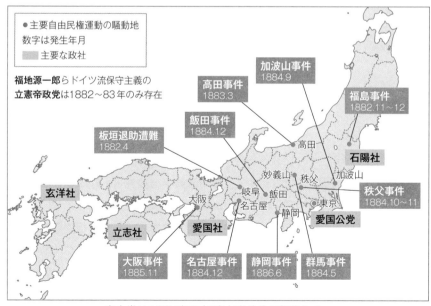

自由党は1884年の加波山事件後に解党した

179

立憲国家の成立と展開

アジア唯一の近代的立憲国家の成立と、
国権勢力・民権勢力の妥協。

　1877年の西南戦争に勝利して中央集権を完成させた政府は、翌年に三新法（郡区町村編制法・府県会規則・地方税規則）を制定、地方にも目を向け始めました。1880年代前半、「松方デフレ」の不況下で相対的に税収が増え、民権運動も激化・衰退して安定した政府は、着々と近代国家体制を確立していきます。**1885年、内閣制度を創設し、1889年には大日本帝国憲法**を制定、アジア唯一の近代的立憲国家となった日本は、**1890年から衆議院・貴族院の帝国議会**を開催します。1894年までの**初期議会**では、**国権勢力の政府**と、**民権勢力の自由党・立憲改進党**（のち進歩党）が対立します。

図5-10　立憲国家成立への段階とその内容

段　階	時　期	内　容
内閣制度の確立	1885年	第一次伊藤博文内閣（長州） ※太政官三院制の廃止
立憲国家の成立	1889年	**大日本帝国憲法の発布（2月11日）** ※同時に**皇室典範**を制定
初期議会① 第1〜第4議会	1890年〜 1893年	藩閥政府 vs 民党（自由党・立憲改進党） ※**争点は「予算問題」**
初期議会② 第5〜第6議会	1893年〜 1894年	藩閥政府・自由党 vs 対外硬派連合〔硬六派〕 ※**争点は「条約改正問題」**
初の政党内閣	1898年	第一次大隈重信内閣〔隈板内閣〕（憲政党） ※4カ月で憲政党と憲政本党に分裂し瓦解
桂園時代へ	1898年〜 1912年	**藩閥・軍閥と政党勢力の妥協** ※**山県 vs 伊藤→桂 vs 西園寺**へ世代交代

第1〜4議会までの**予算問題**に続き、第5〜6議会の**条約改正問題**で争っていた**諸勢力は、日清戦争が始まると妥協**します。勝利後、対外緊張の中で日清戦後経営を進めていかざるを得ない政府は、資本主義の成立により有権者（寄生地主・資本家）が発言力を強め、存在感を増してきた政党勢力を無視できなくなります。一方、政界進出・産業発展を目指す自由党・進歩党も、政府と妥協する道を選び、接近を強めます。

　両党が合同して**憲政党**が成立した1898年には、**初の政党内閣**として第**一次大隈重信内閣〔隈板内閣〕**が組閣されますが、内部調整に失敗し、わずか4カ月で崩壊します。

　その後、軍部・官僚・貴族院勢力を背景とする**元老山県有朋系の桂太郎内閣**と、立憲政友会など政党勢力を背景とする**元老伊藤博文系の西園寺公望内閣**が、日英同盟締結、日露戦争の勝利、条約改正達成を果たす中、妥協しつつ政界を二分する「**桂園時代**」を迎えます。

背　景	追　記
薩長藩閥政府	各大臣は個々に天皇に対し責任を負う
	※内閣総理大臣は「同輩中の首席」にすぎない
条約改正交渉	欧米並みの「**近代六法**（最高法規が**憲法**）」が必要
	※他は**刑法・商法・民法・刑事訴訟法・民事訴訟法**
日清戦争への軍拡	最終的に明治天皇の「**建艦詔書**」で決着
	※軍事予算に関し民党は妥協せざるを得なくなる
政府の「軟弱外交」	**大隈重信の立憲改進党が「対外硬派」連合を結成**
※内地雑居を認める	※**板垣退助の自由党は政府と妥協**
地租増徴問題	短期政権を見越した藩閥政府があえて組閣させる
※2.5％→3.3％へ	※**自由党＋進歩党（もと立憲改進党）＝憲政党**
日清戦後経営	**軍部・藩閥官僚・貴族院勢力 vs 立憲政友会**
※日露戦後経営も	※**山県有朋や伊藤博文は非公式の「元老」となる**

立憲国家の成立

アコガレは
ドイツ帝国

◇内閣制度の創設──ドイツ帝国が手本──

　長州藩出身の伊藤博文は、1871〜73年、岩倉使節団に加わり米欧13カ国を歴訪します。アメリカでグラント大統領、イギリスではビクトリア女王に謁見。ドイツ帝国で"鉄血宰相"**ビスマルク**主催の官邸晩餐会に参加して大いに影響を受けた伊藤は、**ドイツ流の立憲君主国家「大日本帝国」**の立役者となります。

　西郷隆盛・木戸孝允が1877年、大久保利通が1878年に亡くなり、「維新の三傑」を失った明治政府は**世代交代**します。**薩摩藩**の黒田清隆・松方正義・西郷従道・大山巌らと、**長州藩**の伊藤博文・井上馨・山県有朋らに加え、肥前藩の大隈重信らが次世代の中心でしたが、政府トップの岩倉具視は、伊藤と大隈を二本柱と考えました。しかし、1881年、明治十四年の政変で大隈が下野し、翌年に立憲改進党と東京専門学校（のちの早稲田大学）を設立して漸進的な民権派を率い抵抗勢力になると、伊藤にかかる期待と責任は大きくなりました。

　1882年、伊藤は欧州に出発し、**ドイツ流憲法理論**をベルリン大学のグナイスト、ウィーン大学のシュタインに学びます。翌年、岩倉の死により帰国した伊藤は、1884年、宮中に制度取調局を設置して局長に就任。同年、**華族令**を制定し、従来の華族に国家的功績のあった者（＝藩閥政府の士族＝自分たち）を加えて"皇室の藩屏（防衛者）"とし、公・侯・伯・子・男の5爵位を設定しました。そして**1885年**、正院・左院・右院の太政官三院制を廃止して**内閣制度**を創設、自ら初代首相となったのです。

◇大日本帝国憲法の制定──天皇主権の欽定憲法──

　初代内閣を率いた伊藤博文は、1886年から井上毅・伊藤巳代治・金子堅太郎とともに、ドイツ人顧問ロエスレルの助言を受け、**憲法起草**に取り掛かります。1888年には退陣して**枢密院**を設置、初代議長となり完成した憲法を自ら審議します。**1889年2月11日**、**黒田清隆内閣**の下で、**大日本帝国憲法〔明治憲法〕**が発布され、日本は**アジア唯一の近代的立憲国家**となりました。**主権者である天皇が制定**する**欽定憲法**の形式を採り、同時に皇室典範の制定も行われました。**天皇は神聖不可侵、統治権を総攬**する国家元首で、議会の関与できない広範な**天皇大権（陸海軍の統帥権**など）を行使しますが、専制君主ではなくあくまでも立憲君主でした。

　この頃、**市制・町村制**（1888年）、**府県制・郡制**（1890年）も公布され、憲法に規定がなく政府の強い統制下ではあっても、地域の有力者を担い手とする地方自治が、制度的に確立しました。

図5-11 大日本帝国のしくみ

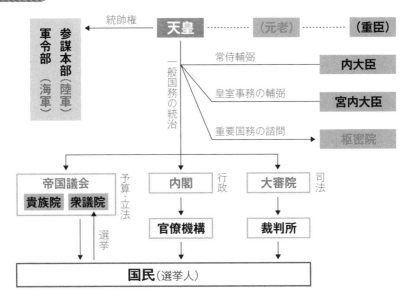

天皇はあくまでも立憲君主
元老や重臣は憲法に規定なし

初期議会

日清戦争開戦まで の衆議院×6

◇帝国議会の開設──議会の基本構造──

　天皇の協賛機関（＝同意機関）である帝国議会〔**国会**〕は、**二院制**です。衆議院は、各道府県の公選議員で構成され、予算の先議権以外は選挙のない**貴族院と対等**にされています。貴族院は、皇族・華族・勅任（勅撰と多額納税者、のち帝国学士院会員も）議員で構成されています。

　1890年から4年間、日清戦争前の議会を初期議会と呼びます。国会の与党が組閣する議院内閣制の現代では理解しにくい、「**衆議院と政府〔内閣〕が対立する**」議会です。政府は「政党の意見に左右されず国益を追求する」**"超然主義"**がモットー。「**国権論＆国家主義**」で突っ走りたい。民党〔民権派政党〕は、農村の寄生地主や都市の実業家・知識人の利益代弁者なので、**"政費節減・民力休養"**を提唱し「**民権論＆自由主義**」で対抗します。

◇第一議会〜第六議会──争点は予算のち条約改正問題──

　1890年、**第一次山県有朋内閣**の下で、**初の総選挙**が行われました。選挙権は、「**満25歳以上の男子で直接国税15円以上納める者**」で人口の1.1％のみです。総議席300をめぐる争いは、**立憲自由党130＋立憲改進党41＝171と民党が過半数を獲得**し勝利。**吏党**（政府支持党）の大成会は79議席しか取れず、慌てた政府は、選挙後に集会及政社法を制定しました。

　民党は政府の軍備拡張予算案を否決しますが、**第一議会**（第一回通常国会）では、山県首相が自由党土佐派をカネやコネで切り崩し、何とか予算を成立させます。**第二議会**では、**第一次松方正義内閣**が予算案を通過させ

られず、薩摩藩出身の樺山資紀海相がキレて「蛮勇演説」をカマし解散、第二回総選挙となります。しかし、流血沙汰の**選挙干渉**までしたのに敗れ、**第三議会**で総辞職に追い込まれました。そこで、**第四議会**では、大物を揃えた第二次伊藤博文内閣（「元勲内閣」）が、天皇から政府への協力を呼びかける「**建艦詔書〔和衷協同の詔書〕**」を出してもらうという裏技で軍拡予算を成立させます（1893年）。これをヤラれては、以後、**予算問題に関し民党は政府に妥協せざるを得なくなります**。ここで、①政府にすり寄る板垣退助の自由党と、②**条約改正問題**で政府に反発する大隈重信の立憲改進党が、民党どうし仲間割れをします。

　第五議会では、大隈が吏党をも巻き込み**対外硬派連合〔硬六派〕**を結成し、陸奥宗光外相が展開する条約改正交渉を「軟弱」と攻撃します。内閣は第三回総選挙を行いますが、対外硬派連合が過半数を獲ります。**第六議会**でさらに攻撃を加えると第四回総選挙となりますが、ここで**日清戦争開戦**となり、**全勢力がいったん妥協**し、戦争に向かっていくのです（1894年）。

図5-12 初期議会と総選挙

議会	期間	内閣	争点	追記
1890年	第一回総選挙	民党が過半数獲得		
第一議会	1890〜91年	山県有朋①	予算	自由党土佐派買収
第二議会	1891年	松方正義①	予算	樺山資紀海相の**蛮勇演説**
1892年	第二回総選挙	民党が過半数獲得　※政府の大選挙干渉		
第三議会	1892年	松方正義①	予算	予算成立せず（前年のまま）
第四議会	1892〜93年	伊藤博文②	予算	建艦詔書で民党が妥協
第五議会	1893年	伊藤博文②	条約	**対外硬派連合**が優勢
1894年	第三回総選挙	対外硬派連合が過半数獲得		
第六議会	1894年	伊藤博文②	条約	わずか18日で再び解散
1894年	第四回総選挙	※この間、**日清戦争開戦**		
第七議会	1894年	伊藤博文②	なし	対外硬派連合も妥協

藩閥と政党の妥協

妥協しなけりゃ
戦争には勝てぬ

◇藩閥と政党の妥協——日清戦争後の政界——

　1894年、第六議会の最中に日清戦争が始まり、政府と政党は協力して勝利、1895年に下関条約を締結し巨額の賠償金や台湾・澎湖諸島を手に入れました。この先、日露戦争にも勝ち「条約改正＝脱亜入欧」を果たすため、政府は経済力のある寄生地主＆都市実業家・知識人の協力を得なければなりません。すなわち、その利益代弁者である急進的＆漸進的政党と妥協・提携する必要がありました。急進的政党は**板垣退助**の**自由党**、漸進的政党は**大隈重信**の**進歩党**です。大隈は、立憲改進党を中心とする対外硬派連合〔硬六派〕のうち国民協会を除く五派を統合し、新党を結成していました。

　日清戦争後、**第二次伊藤博文内閣**には自由党の板垣退助が内相で入閣、1896年の**第二次松方正義内閣**には進歩党の大隈重信が外相で入閣しました（「松隈内閣」）。しかし政府は、日露戦争を戦うには地租を2.5％から3.3％に増徴する必要があると考え、それを不可とする（富裕者・小金持ちの利益代弁者の）自由党や進歩党との提携は崩れます。続く**第三次伊藤博文内閣**は、政権運営をいったん中断し、**自由党と進歩党が合同した憲政党**による**初の政党内閣**にあえて政権を譲ります（早々に仲間割れするだろうとの読み）。これが**第一次大隈重信内閣**（「隈板内閣」）です。

　しかし、旧進歩党の尾崎行雄文相の「**共和演説事件**」という舌禍による辞任を契機に、後任のイスをめぐり党内に争いが起きてしまいます。結果、憲政党は**憲政党**（旧自由党、星亨ら）と**憲政本党**（旧進歩党、大隈重信ら）に分裂し、内閣はわずか4カ月で瓦解しました。

◇桂園時代——日露戦争前後の政界——

　1898年、**第二次山県有朋内閣**は、憲政党（旧自由党）と提携し**地租増徴案を可決**しましたが、**政党勢力の削減と軍部・官僚勢力の拡大**に移行します。1899年の**文官任用令改正**で政党員の官界進出を防ぎ、**1900年**には**治安警察法**を公布し、軍部大臣現役武官制を実施します。**現役の大・中将以外は陸・海軍大臣に就任できず、組閣には軍部の支持が必要不可欠となった**のです。これらの政策に反発した憲政党は、議会の円滑運営を図り政党支持の考えを持つ伊藤博文と急接近します。同年、解党して伊藤系官僚とともに立憲政友会を結成し、**第四次伊藤博文内閣**が成立します。

　しかし翌年、北清事変処理のための増税案を否決されて退陣し、**軍部・官僚・貴族院勢力を背景とする**元老山県閥の**第一次桂太郎内閣**が成立します。以後、**立憲政友会を背景とする**元老伊藤閥の西園寺公望と政界を二分しつつ妥協・提携していく、日露戦争前後の桂園時代へと突入しました。

図5-13　伊藤内閣から桂園時代へ

内　閣	最も大きな出来事
伊藤博文①　　（長州）	内閣制度成立（85）
黒田清隆　　（薩摩）	大日本帝国憲法発布（89）
山県有朋①　　（長州）	第一回帝国議会（90）
松方正義①　　（薩摩）	大津事件（91）
伊藤博文②〔元勲内閣〕（長州）	日清戦争（94～95）
松方正義②〔松隈内閣〕（薩摩）	金本位制確立（97）
伊藤博文③　　（長州）	3.3％への地租増徴案否決（98）
大隈重信①〔隈板内閣〕（憲政党）	初の政党内閣成立（98）
山県有朋②　　（長州・陸軍）	軍部大臣現役武官制（00）
伊藤博文④　　（長州・立憲政友会）	立憲政友会成立（00）
桂太郎①　　（長州・陸軍）	日露戦争（04～05）※桂園時代開始
西園寺公望①（公家・立憲政友会）	帝国国防方針決定（07）

明治の文化

一応は近代国家に脱皮

◇明治の文化の特色——和風と洋風、古風と新風が併存——

　明治時代、19世紀後半〜20世紀初めの文化を、そのまま**明治の文化**と呼びます。**日本文化の伝統を継承しつつ西洋文化を積極的に受け容れた**、古さと新しさが無秩序に併存する二元性を持っています。幕末以来の「和魂洋才」精神もあり、**物質文明の急激な流入に比べ、日本人の精神の変化はゆるやか**でした。特に、都市に比べ農村の近代化ははるかに遅れます。

　明治前期には"脱亜入欧"を目指す政府の強力な指導・育成の下に、教育の普及や交通・通信・ジャーナリズムの発達が見られます。しかし、西洋文化の受容は近代国家形成を最大の目的としており、必ずしも国民生活に根差したものではなかったので、上辺だけに陥りがちでした。明治中期以降、ようやく国民の自覚が進み、自主的な努力により発展しました。

　もう一つの特色として、**科学的精神の高まり**があげられます。まだ十分とは言えませんが、学問・文学・芸術は、日本史上初めて政治・道徳・宗教から独立して発展したのです。

◇明治時代の文学——近代小説の登場——

　ここでは特に文学史を取り上げます。文明開化期は、江戸時代の**戯作文学**の延長で、仮名垣魯文『安愚楽鍋』などが読まれましたが、明治10年代になると、自由民権運動宣伝のための**政治小説**が登場します。矢野龍渓『経国美談』、東海散士『佳人之奇遇』、末広鉄腸『雪中梅』などですが、文学的価値はほぼありませんでした。

しかし、明治20年前後、写実主義〔リアリズム〕を重視する坪内逍遙の評論『小説神髄』を契機に言文一致運動が起き、「だ」調の二葉亭四迷『浮雲』が未完ながら話題になります。そして、硯友社を結成し、初の文学雑誌『我楽多文庫』を創刊した尾崎紅葉『金色夜叉』が「である」調、山田美妙『夏木立』が「です調」で続きます。特に尾崎は理想主義・文語体の幸田露伴『五重塔』と"紅露時代"の双璧をなす人気作家でした。

　日清戦争前後には、感情・個性の躍動を重視するロマン主義が流行し、森鷗外『舞姫』、樋口一葉『にごりえ』『たけくらべ』などが話題になりました。日露戦争前後には、当時の世相を反映し、社会の暗い現実をありのまま写し出す自然主義が大流行し、田山花袋『蒲団』、島崎藤村『破戒』『夜明け前』、国木田独歩『武蔵野』などの名作が生まれます。明治末期には、時流にとらわれない超然とした立場をとる二大文豪、余裕派・自己本位を説く夏目漱石『吾輩は猫である』『坊ちゃん』『こころ』と、知性派・諦念を説く森鷗外『青年』『阿部一族』『山椒大夫』が地位を確立します。

図5-14　明治期文化の各分野四天王！

国家主義思想	1	平民主義（徳富蘇峰ら）※雑誌『国民之友』
	2	国粋主義（三宅雪嶺、志賀重昂、杉浦重剛ら）※雑誌『日本人』
	3	国民主義（陸羯南ら）※新聞『日本』
	4	日本主義（高山樗牛ら）※雑誌『太陽』誌上で展開
自然科学	1	北里柴三郎、志賀潔、秦佐八郎ら細菌学者・薬学者
	2	高峰譲吉、鈴木梅太郎ら薬学者
	3	長岡半太郎、田中館愛橘ら物理学者
	4	大森房吉ら地震学者、木村栄ら天文学者
芸術	1	フェノロサ（米）、岡倉天心、横山大観ら日本美術
	2	明治美術会の浅井忠、白馬会の黒田清輝ら西洋画
	3	コンドル（英）、辰野金吾、片山東熊ら西洋建築
	4	坪内逍遙・島村抱月・松井須磨子、小山内薫らの新劇

条約改正

日清・日露戦争の勝利と"脱亜入欧"。
それを支えた近代産業の発展。

　幕府が結んだ条約の不平等条項「**片務的最恵国待遇**」「**領事裁判権の承認**」「**協定関税制**」の改正なしに、"脱亜入欧"は果たせません。**日清・日露戦争の勝利、近代六法の整備、近代産業の発展**は、条約改正の必要３条件でした。８名の担当者に分けて整理します。①岩倉具視。**岩倉使節団**で米・欧に渡り**予備交渉に失敗**。②寺島宗則。税権回復を目指し、イギリスの反対で失敗。③井上馨。欧化主義「鹿鳴館外交」を展開、法権回復を目指し、代償に「**外国人判事の任用・外国人の内治雑居・欧米同様の法典整備**」を秘密で容認したことが暴露され、**政府内外の反発を招き失敗**。

図5-15 　条約改正達成への道のり

目的＝最恵国待遇の双務化、領事裁判権の撤廃、関税自主権回復

外交責任者	経　過	結　果
岩倉具視（右大臣） ※公家	**岩倉使節団**	**予備交渉に失敗** 欧米視察は一定の成果
寺島宗則（外務卿） ※薩摩	**国別・税権交渉** ※米の同意を得る	**英の反対で失敗** 法権優先が世論となる
井上馨（外務卿 ➡ 外相） ※長州	**一括・法権交渉** **鹿鳴館外交** ※極端な**欧化主義**	**ノルマントン号事件** **大同団結運動**の発生 失敗し交渉無期延期
大隈重信（外相） ※肥前	**国別秘密・法権交渉** **外国人判事大審院のみ**	英の暴露で世論沸騰 **爆弾テロで重傷** 交渉中止

④大隈重信。立憲改進党を率いて三大事件建白運動の一翼を担い、政府に一時復帰して入閣。**外国人判事を大審院に限る以外は井上案をほぼ踏襲**して各国から法権回復の同意を得ますが、イギリス『ロンドン゠タイムズ』紙に暴露され世論が沸騰、**右翼青年に爆弾で襲撃され失敗**。⑤青木周蔵。**外国人判事を任用しない条件で、ロシアの南下を警戒したイギリスの同意をほぼ得ますが、訪日中のロシア皇太子を警備の巡査が切りつけた大津事件で失敗**。⑥榎本武揚。ロシア対策のみで交渉は本格化せず。⑦陸奥宗光。**日清戦争直前の1894年、日英通商航海条約を締結し、最恵国待遇の相互平等化**と法権回復**に成功**。⑧小村寿太郎。**日清・日露戦争の勝利により日本の国際的地位が向上**。列国の反対が少なくなった状態で、新条約の満期を迎えた**1911年、改正日米通商航海条約を締結し、税権回復に成功して条約改正を完全達成**。

　ついに日本は、欧米列強と対等の地位を得たのです。

条件 ＝ 国力の充実、近代六法の整備、戦勝による**国際的地位の向上**

外交責任者	経　過	結　果
青木周蔵（外相） ※長州	**国別秘密・法権交渉** **外国人判事任用せず** **英がほぼ同意**	**大津事件で外相辞任** 交渉中止
榎本武揚（外相） ※旧幕府	露との関係改善	交渉本格化させず
陸奥宗光（外相） ※紀伊	**国別・法権交渉** 青木案を踏襲 **第5・6議会で論争**	**日英通商航海条約** ※法権回復 ※最恵国待遇も双務化
小村寿太郎（外相） ※飫肥	**国別・税権交渉** **日清・日露戦争に連勝** 新条約満期を迎える	改正日米通商航海条約 ※税権回復 ※条約改正完全達成

朝鮮問題と日清戦争

アジアNo.1決定戦

◇朝鮮問題──日清戦争前夜──

　明治政府は朝鮮を開国させようとします。鎖国のままだと欧米列強が植民地化し、日本の身近に脅威を抱える可能性があるからです。1873年の「征韓論」は、この考えに不平士族の不満を外に逸らす大義名分を加え、**西郷隆盛**（薩摩）、**板垣退助**（土佐）、江藤新平（肥前）ら留守政府が打ち出した方針でした（＝征韓派）。しかし、**岩倉具視**（公家）、**大久保利通**（薩摩）、木戸孝允（長州）ら、欧州から帰国した岩倉使節団のメンバー（＝**内治優先派**）が潰します。これが**明治六年の政変**で、征韓派は下野し、士族反乱や自由民権運動の道を選びます。

　その後、**1875年**の**江華島事件**を契機に、**1876年**に**日朝修好条規**という日本優位の不平等条約を締結し開国させます。さらに**1882年**の**壬午軍乱**や、**1884年**の**甲申事変**に紛れ朝鮮での勢力拡大を図るも失敗し、**閔妃政権**に嫌われ、清の勢力が増してしまいました。**1885年**、日本と清は当面の対決を避け、**天津条約**を締結します。日本は、立憲国家確立に向け忙しく、軍備増強も足りません。清は、前年から始まったベトナム支配をめぐる**清仏戦争**に、この年敗れていました。この頃、日本人のアジア観が変化し、蔑視の風潮が強まります。近代化において清・朝鮮に先んじたという優越感もあり、**民権派も国権論的な傾向**になりました。1885年、**福沢諭吉**が新聞『時事新報』に**脱亜論**を発表したり、**大井憲太郎**ら旧自由党左派は、朝鮮に渡り改革を試みようとし、**大阪事件**で逮捕されたりもしています。1886年の長崎清国水兵暴行事件も、日本の国民感情を悪化させました。

◇日清戦争──アジアNo.1決定戦──

　日清戦争の背景は、朝鮮支配をめぐる両国の対立ですが、実質的には**ア
ジアNo.1決定戦**でした。1894年、朝鮮で**甲午農民戦争〔東学党の乱〕**が
起きたことを契機に、豊島沖の海戦でスタートします。日本は、作戦本部
の**大本営**を東京から広島に移転し、**黄海の海戦**で北洋艦隊を破るなど連戦
連勝。1895年に**下関条約**で講和します。**日本全権は伊藤博文首相・陸奥
宗光外相、清国全権は李鴻章**でした。内容は、①**清国は朝鮮の独立を承認
し宗主権を放棄**、②**遼東半島および台湾・澎湖諸島を日本に割譲**、③**賠
償金2億両**〔約3億1000万円〕を日本に支払う、④新たに沙市・重慶・蘇
州・杭州の4港を開市・開港する、というものでした。しかし、6日後にロ
シア・フランス・ドイツが**三国干渉**し、**遼東半島の返還を要求**してきます。
還付金3000万両（約4500万円）と引き換えにやむなく受諾した日本は、
反ロシアの「**臥薪嘗胆**（今に見てろよ）」を標語に、軍備拡張に努めます。

図5-16 日清戦争要図

清

日本の勝因

1 村田銃に統一された装備（陸軍）
　と高速俊敏な艦隊（海軍）
2 行き届いた訓練と規律、国内世論の統一
3 直前に条約改正に応じたイギリス
　のように**国際情勢の有利な展開**

大連
94.11.7
奉天（瀋陽）
鴨緑江
朝鮮
遼東半島
旅順
94.11.21
平壌 94.9.16
元山
黄海海戦 94.9.17
仁川
威海衛
95.2.12
漢城
江華島
日本海
山東半島
牙山
成歓
94.7.29
日本
黄海
豊島沖海戦
94.7.25
釜山
広島
宇品
対馬
下関
済州島

← 日本軍進路
数字は占領年月日

列強の中国分割と日露戦争

「入欧」への
トライアル戦

◇列強の中国分割──日露戦争前夜の国際関係──

　これまでアヘン戦争（1840〜42年、英）、アロー戦争（1856〜1860年、英仏）、清仏戦争（1884〜85年、仏）に3連敗とはいえ、欧米列強に**"眠れる獅子"**と思われていた清は、日清戦争（1894〜95年、日）敗戦により**"死せる豚"**へと評価を落としました。中国は、古代以来つねに日本より優位に立ち、近代になっても**日清修好条規（1871年）**で対等関係でしたが、日本にアジア№1の座を奪われました。予想以上の弱体化が明るみに出たことで、これまで足並みを揃え貿易利権を求めていた列強が、自国の領土的利益の追求を進めていく「帝国主義」時代に突入します。「清が資金の借款を受ける代わりに、**租借権**（＝期限付きの植民地化権）を譲渡する」形式で進出です。①**日本＝租借権なし**。台湾の対岸にある福建省の不割譲を確約（1898年）。②**ドイツ＝山東半島の膠州湾を99年租借**（1898年）。③**ロシア＝遼東半島南部の旅順・大連を25年租借**（1898年）。日本に三国干渉で遼東半島返還を求めておいてこの態度。しかし日本は、閔妃殺害事件後の朝鮮（1897年から**大韓帝国**）問題の譲歩を期待して黙認します。④**イギリス＝九龍半島を99年、山東半島の威海衛を25年租借**（1898年）。日清戦争前からロシアの南下政策を警戒し、日本に好意的な態度をとるようになっています。⑤**フランス＝広州湾を99年租借**（1899年）。フランス領インドシナ〔仏印〕に隣接する中国南部に勢力を拡大します。⑥**アメリカ＝租借権なし。国務長官ジョン＝ヘイ**の"極東三原則""**門戸開放・機会均等・領土保全**"（1899〜1900年）。出遅れた中国分割に参加を表明します。

◇日露戦争──「入欧」へのトライアル戦──

清国では、「**扶清滅洋**」をスローガンとする宗教結社**義和団**が山東省で反乱を起こします。背景には、激化する列強の帝国主義的進出に対する国民の不満があり、1900年からは首都北京に乱入することに。これに乗じ、当時の最高権力者西太后は、イギリス・ロシア・アメリカ・日本など8カ国に対し宣戦を布告し、翌年、当然のごとく敗れ、**北京議定書**で莫大な賠償金を課せられ、軍隊の北京駐留権も承認させられます。これを**北清事変**〔**義和団事件**〕（**1900～01年**）といいます。この時、ロシア軍が鎮圧の名目で満州（中国東北部）を占領したことから、警戒したイギリスが「光栄ある孤立」を捨て、日本と第一次日英同盟協約を結んでくれました（**1902年**）。

ついに1904年、日本はロシアと開戦します。1905年、**陸軍**は旅順を占領し**奉天会戦**に勝利、**海軍**は**日本海海戦**に勝利し、**アメリカのセオドア゠ローズヴェルト大統領の仲介でポーツマス条約を結ぶ**ことになるのです！

図5-17 列強による中国の分割

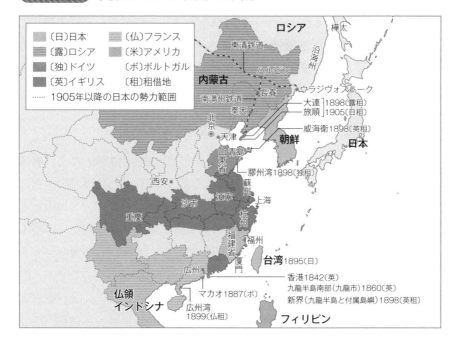

第1章・原始

第2章・古代

第3章・中世

第4章・近世

第5章・近代

第6章・現代

資本主義の光と陰

良いこともあれば
悪いこともある

◇第一次産業革命——蒸気力による軽工業中心の機械化——

　1881〜86年の**松方デフレ**が引き起こした不況により、①**農村で階層分化**が激しくなり、②軍事工業を除く**官営事業の払い下げ**で**政商（のち財閥）を育成**したことで、資本の原始的蓄積＋低賃金労働者の創出＝資本主義の前提が完成しました。1886〜89年にかけ、**鉄道・紡績**を中心に**株式会社設立ブーム**が起きたのですが、すぐに1890年恐慌が起きて挫折します。しかし、これを機に**日本銀行**（1882年設立）は、市中銀行を通じ産業界に資金を供給する姿勢を整えます。**日清戦争前後**、繊維産業など**軽工業**を中心に、産業革命＝**工場制機械工業化**となり、資本家（有産階級）が労働者（無産階級）を雇用する**資本主義が本格的に成立**します。そして、1900〜01年、過剰生産・株式高騰の反動で初の資本主義恐慌が起きたのです。

◇第二次産業革命——電力による重工業中心の機械化——

　日清戦争で得た莫大な賠償金により、1897年に**金本位制**となり、**官営八幡製鉄所**も設立されました。1901年には操業を開始、技術的な困難に悩まされながらも、日露戦争前後には生産を軌道に乗せます。この頃、水力発電が本格化したこともあり、従来の蒸気力＋電力で**重工業**まで産業革命が広がりました。1906年、**鉄道国有法**により、民間17社が買収されますが、これで得た資金を重工業へ投資した資本家も多かったのです。

　日露戦争に勝利したにもかかわらず、1905年のポーツマス条約で日本全権の**小村寿太郎外相**がロシア全権**ウィッテ**から引き出せた条件は、①ロ

シアは韓国に対する日本の指導・監督権を全面的に承認する、②**旅順・大連の租借権**と**長春以南の鉄道**（のち南満州鉄道株式会社）とその付属利権を日本に譲渡する、③**北緯50度以南のサハリン〔樺太〕**を日本に譲渡する、④**沿海州・カムチャツカの漁業権**を承認する、というもので、**賠償金は獲得できなかった**ので、1907年には日露戦後恐慌が起きています。

◇社会主義の発生——資本主義の陰——

労働者は、成立したばかりの資本主義の下で、低賃金・長時間労働を強いられたので、**1897年の職工義友会**→労働組合期成会結成に代表されるような、組織的労働運動が発生・発展しました。労働争議や小作争議が増えていく中で成長したのが「自由だが不平等」な資本主義・自由主義に対する「不自由だが平等」な共産主義・社会主義運動です。しかし、1910年の**大逆事件**により、翌年**幸徳秋水**らが処刑されると、警視庁内に特別高等課と呼ばれる思想警察が設置され、社会主義は**"冬の時代"**を迎えます……。

図5-18 8大財閥と新興財閥

政商が**持株会社**を中心に結合し多業種を展開する**財閥**に発展

1	**三井財閥**	江戸時代中期に**三井高利**が創始した**越後屋呉服店**が発端
2	**三菱財閥**	土佐藩出身の**岩崎弥太郎**と弟**弥之助**が創始
3	**住友財閥**	江戸時代から**別子銅山**を経営する**住友家**〔泉屋〕が発端
4	**安田財閥**	幕末の両替商**安田善次郎**が創始
5	**古河財閥**	足尾銅山経営で有名な「鉱山王」**古河市兵衛**が創始
6	**浅野財閥**	「セメント王」**浅野総一郎**が創始
7	**川崎財閥**	川崎正蔵が創始
8	**大倉財閥**	大倉喜八郎が創始
他の財閥		渋沢財閥（渋沢栄一）、野村財閥（野村徳七）など
新興財閥		**日産コンツェルン（鮎川義介）、日窒コンツェルン（野口遵）、日曹コンツェルン（中野友礼）、理研コンツェルン（大河内正敏）、森コンツェルン（森矗昶）**、中島飛行機など

"大正デモクラシー"

天皇主権の枠内で、
政党政治・普通選挙などの市民的自由を確立。

"大正デモクラシー"は、「天皇主権の大日本帝国憲法の枠内で、政党政治・普通選挙などの市民的自由を求める」という、大正時代を中心とする風潮です。海外からは、**第一次世界大戦後の民主主義的風潮、ロシア革命による社会主義国ソ連の成立**の影響を受けています。国内では、法学者**美濃部達吉の「天皇機関説」**と、政治学者**吉野作造の「民本主義」**が思想の2本柱となりました。第一次護憲運動〔**大正政変**〕（1912～13年、第三次桂太郎内閣退陣）、**米騒動**（**1918年**、寺内正毅内閣退陣）、**第二次護憲運動**（1924年、清浦奎吾内閣退陣）は、大正時代を象徴する3大事件です。

図5-19 大正デモクラシーの歩み

内　閣	時　期	構成要素
第一次護憲運動	1912～13年	「閥族打破・憲政擁護」で倒閣運動
山本権兵衛①	1913～14年	海軍・薩摩閥（背景に立憲政友会）
大隈重信②	1914～16年	元首相（背景に立憲同志会）
寺内正毅	1916～18年	陸軍・長州閥「非立憲内閣」
米騒動	1918年	全国的暴動で倒閣
原敬	1918～21年	立憲政友会※初の本格的政党内閣
高橋是清	1921～22年	立憲政友会※原内閣を継承
加藤友三郎	1922～23年	海軍閥（背景に立憲政友会）
関東大震災	1923年	首都圏が壊滅
山本権兵衛②	1923年	海軍・薩摩閥（背景に革新倶楽部）
清浦奎吾	1924年	枢密院・貴族院（背景に政友本党）
第二次護憲運動	1924年	"護憲三派"の選挙戦で倒閣
加藤高明	1924～26年	護憲三派のち憲政会単独
若槻礼次郎①	1926～27年	憲政会

藩閥・軍閥勢力と政党勢力が妥協した桂園時代は、賠償金が獲れない「日露戦後不況」の中で、**国民の不満が爆発**し、第一次護憲運動で終了します。

続いて、一気に好景気となった第一次世界大戦中の「**大戦景気**」の中、諸物価が高騰し**国民の不満が爆発**、前代未聞の米騒動が起きたことから、藩閥・軍閥はついに**本格的政党内閣**を認めざるを得ず、**原 敬 内閣**（**立憲政友会**）が成立します。しかし、大戦終結後の「**戦後恐慌**」の中、原首相が東京駅で暗殺され、一時的に繋いだ高橋是清内閣までで、政党内閣は途切れます。その後、1923年の関東大震災による「**震災恐慌**」が起き、そのドサクサで超然主義的な内閣が復活し、**国民の不満が爆発**します。

第二次護憲運動に勝利した**加藤高明内閣**（**護憲三派**のち**憲政会単独**）は、1925年に**日ソ基本条約・治安維持法・普通選挙法**を成立させ、以後**8年間にわたる戦前の政党内閣時代**である"**憲政の常道**"が始まるのです。

出来事
軍部大臣現役武官制改正（13）廃税運動・**シーメンス事件（14）** **第一次世界大戦参戦決定（14）二十一カ条の要求（15）** 西原借款開始・金輸出禁止（17）**シベリア出兵決定（18）**
パリ講和会議（19）国際連盟加盟・**戦後恐慌（20）**東京駅頭で刺殺（21） **ワシントン会議（21～22）** シベリア撤兵完了・病死（22）
震災恐慌・亀戸事件・甘粕事件・**虎の門事件（23）** **政友本党 VS 憲政会・立憲政友会・革新倶楽部の"護憲三派"（24）**
日ソ基本条約・治安維持法・普通選挙法（25）病死（26） **大正天皇崩御**により**昭和**と改元（26）　※摂政の裕仁親王が**昭和天皇**に

第一次護憲運動と政党内閣の成立

国民の
ガス抜きも必要

◇第一次護憲運動──閥族打破・憲政擁護──

　明治天皇が亡くなった**1912年**、「朝鮮に駐屯する二個師団を増設して
ほしい」と陸軍が軍備拡大を要求します。賠償金が獲れず（おかげで1905
年に日比谷焼打ち事件まで起きた）、日露戦後不況に悩む**第二次西園寺公望内
閣**が、「あきまへん」と断ると、陸軍大臣上原勇作が（陸軍大臣と参謀総長、
海軍大臣と軍令部長のみに認められていた）「**帷幄上奏**」権を使い**大正天皇**に
単独で辞表を提出します。陸軍が軍部大臣現役武官制を利用して後任の大
臣を推薦しなかったことから、内閣は退陣に追い込まれます。

　そして、内大臣兼侍従長で政治活動は禁止のはずの**陸軍・長州閥**の桂
太郎が、元老山県有朋の推挙や天皇の詔勅により反対勢力を封じ、**第三次
内閣**を強引に組閣したことから、「**閥族打破・憲政擁護**」をスローガンと
した第一次護憲運動が起きます。**立憲政友会**（もと自由党系）尾崎行雄、**立
憲国民党**（もと立憲改進党系）犬養毅の「憲政の神様」コンビや、新聞記
者・弁護士に一般民衆まで加わり大いに盛り上がりました。内閣に対し衆
議院が退陣を要求し、年が明けた1913年、わずか53日で総辞職する「**大
正政変**」となり、“**大正デモクラシー**”の出発点になったと言われています。

◇政党内閣の成立──藩閥・軍閥の限界──

　陸軍・長州閥の超然的な**第三次桂太郎内閣**が退陣し、海軍・薩摩閥の立
憲政友会を背景とした中間的な**第一次山本権兵衛内閣**が成立します。軍部
大臣現役武官制を改正し、予備役・後備役にまで資格を拡大するなど、妥

協的な政策を展開しますが、国民の廃税運動の激化や、**シーメンス事件**という海軍の汚職事件に巻き込まれ、1914年、退陣に追い込まれます。続いて元老が推薦し、**立憲同志会**（立憲国民党の離脱組と政府系の中央倶楽部が合流）を背景とした政党寄りの**第二次大隈重信内閣**が成立します。第一次世界大戦参戦後の総選挙に大勝し、陸軍二個師団増設を果たしたところまでは元老たちの計算通りでしたが、外相の立憲同志会総裁加藤高明が中国の袁世凱政権に**二十一カ条の要求**を突きつけるなど暴走気味で、退陣してもらうことに。

　気が付けば**陸軍・長州閥**の超然的な**寺内正毅**「**非立憲内閣**」に戻っていました（ビリケン人形に顔が似ていた）。シベリア出兵の1918年、異常な米価高に国民が憤激し、全国に米騒動が広がります。内閣は対処の優先順位を誤り、新聞報道を統制したり警察・軍隊を出動させたりしてしまいます。これで元老・貴族院などの支配者層は、ついに「初の本格的政党内閣」を認めざるを得なくなり、**立憲政友会**の**原敬内閣**が成立するのです。

図5-20　**大正新時代の政界**

内　閣		最も大きな出来事
桂太郎②	（長州・陸軍）	日韓併合（10）
西園寺公望②	（公家・立憲政友会）	陸軍2個師団増設要求（12）
桂太郎③	（長州・陸軍）	なし
1912～13年　第一次護憲運動		
山本権兵衛①	（薩摩・海軍）	シーメンス事件（14）
大隈重信②	（肥前）	二十一カ条の要求（15）
寺内正毅	（長州・陸軍）	石井・ランシング協定（17）
1918年　　米騒動		
原敬	（立憲政友会）	パリ講和会議（19）
高橋是清	（立憲政友会）	ワシントン会議（21～22）
加藤友三郎	（海軍）	シベリア撤兵完了（22）
1923年　　関東大震災		

第二次護憲運動と憲政の常道

政党＆財閥コンビに任せてみたが……

◇第二次護憲運動──普選断行・行財政整理・貴族院改革──

　1921年の原敬暗殺後、蔵相が首相を兼任した立憲政友会の政党内閣である**高橋是清内閣**の退陣後は、**海軍閥**の立憲政友会を背景とした**中間的な加藤友三郎内閣**が成立します。首相が病に倒れた**1923年**、政府が新たな組閣作業中の９月１日に**関東大震災**が起きてしまいます。**海軍閥**の革新倶楽部（犬養毅が率いる立憲国民党の残党）を背景とした**中間的な第二次山本権兵衛「地震内閣」**は、震災の処理に追われる最中に、摂 政 宮裕仁（のち昭 和天皇）が狙撃される**虎の門事件**で退陣し、年明けには、今は亡き元老山県有朋直系・枢密院議長の**清浦奎吾「特権内閣」**が成立します。

　立憲政友会を離脱した**床次竹次郎**の**政友本党**を与党に、陸・海相を除く全閣僚を貴族院から選出する時代錯誤な**超然内閣**ですから、**加藤高明の憲政会、高橋是清の立憲政友会、犬養毅の革新倶楽部＝「護憲三派」**が、「普選断行・行財政整理・貴族院改革」をスローガンに倒閣運動を開始。議会解散・総選挙に持ち込んだのが**1924年の第二次護憲運動**です。

◇憲政の常道── 戦前の二大政党内閣時代──

　ただのテンションが高い選挙戦ですから、第一次護憲運動に比べれば民衆運動は盛り上がりませんが、護憲三派連立の加藤高明内閣が成立します。この後、**「衆議院の多数党総裁に組閣の大命が下り、政党内閣を組閣する慣習」**である８年間の"**憲政の常道**"＝**戦前の二大政党内閣時代**が続きます。首相を指名するのは「最後の元老」西園寺公望の仕事でした。

①**加藤高明内閣**（護憲三派のち憲政会単独）。**1925 年**に日ソ基本条約・治安維持法・普通選挙法。翌年病死。②**第一次若槻礼次郎内閣**（憲政会）。**1926年**、大正天皇崩御で改元、昭和天皇の下で**昭和時代スタート**。**1927 年**、**金融恐慌**収拾を試み、幣原喜重郎外相の協調外交に不満を持つ枢密院の反対で挫折、総辞職。③**田中義一内閣**（立憲政友会）。外相兼任で対中国強硬外交を展開。1928 年、初の普通選挙実施後、治安維持法に死刑を追加し改悪。翌年、**張作霖爆殺事件の処理で天皇の不信を買い総辞職**。④**浜口雄幸内閣**（立憲民政党）。憲政会は政友本党と合同し立憲民政党になっていました。金解禁の 1930 年から**昭和恐慌**。翌年、ロンドン海軍軍縮会議における**統帥権干犯問題により東京駅で狙撃され総辞職**。⑤**第二次若槻礼次郎内閣**（立憲民政党）。**1931 年**、柳条湖事件による満州事変勃発後、閣内不統一で総辞職。⑥**犬養毅内閣**（立憲政友会）。革新倶楽部は立憲政友会に吸収されていました。**1932 年**、血盟団のテロは逃れましたが、満州国承認を渋ると五・一五事件で暗殺され、**戦前の政党政治は終焉**してしまいます。

図5-21　戦前の二大政党内閣時代

山本権兵衛②（薩摩・海軍）	虎の門事件（23）
清浦奎吾（枢密院）	なし
1924 年　第二次護憲運動	
加藤高明（護憲三派のち憲政会）	治安維持法・普通選挙法（25）
若槻礼次郎①（憲政会）	金融恐慌（27）
田中義一（立憲政友会）	張作霖爆殺事件〔満州某重大事件〕（28）
浜口雄幸（立憲民政党）	金解禁・昭和恐慌（30 〜 31）
若槻礼次郎②（立憲民政党）	柳条湖事件で満州事変開始（31）
犬養毅（立憲政友会）	血盟団事件（32）
1932 年　五・一五事件	
斎藤実（海軍）	国際連盟脱退（33）
岡田啓介（海軍）	国体明徴声明（35）
1936 年　二・二六事件	

大正・昭和初期の文化

大衆文化とはいえ都会中心

◇大正・昭和初期の文化──大衆文化──

大正〜昭和時代初期、20世紀前期の文化を、そのまま**大正・昭和初期の文化**と呼びます。**大正時代**には、第一次世界大戦終結、ロシア革命の成功などによる、世界的な民主主義的風潮（＝**"大正デモクラシー"**）の中で、大学令（1918年）や**自由教育運動**の展開など教育の拡充と、**美濃部達吉「天皇機関説」**や吉野作造**「民本主義」**、護憲運動・普選運動に代表される民衆の政治意識の高まりを背景に、文化が成熟します。

第二次・第三次産業の発展により人口が集中した**都市部を中心に**、さまざまな方面で文化が国民的普及を果たし、「大衆文化」となりました。女性の進出も著しく、バス車掌〔バスガール〕・タイピスト・電話交換手・看護師・教師などの**職業婦人**や、新興の知識層として、文化の発展を支えます。一方で、都市と農村、大企業と中小企業との間の格差が問題となり、二重構造と呼ばれました。現代にもつながる大衆消費社会的な状況が現れますが、一般農家や工場労働者の生活水準は低く、都市の大企業に勤務する**俸給生活者**〔サラリーマン・新中間層〕との間で格差は拡大します。

また、**昭和初期**には、国家統制の風潮（＝**"昭和ファシズム"**）の中で、徐々に**総力戦体制**へと人々が組織されていき、**文化も壊滅的な打撃を受けます**。全国民による戦争協力体制確立のために、**1937年**から国民精神総動員運動が始まり、1940年には内閣情報局を設置、出版物・演劇・**マスメディア**（**新聞・雑誌・ラジオ・映画**）の総合的統制を目指します。もちろん、「不要不急」民需品の生産・輸入も厳しく統制されました。

◇大正・昭和初期の文学——近代小説の発展——

　大流行の自然主義に対し、明治末期に反自然主義の2派が登場します。**耽美派**は、退廃的・享楽的・官能的な美の創造を追求し、**永井荷風**『腕くらべ』、谷崎潤一郎『痴人の愛』などが評判に。**白樺派**は、人道主義・理想主義の立場から自我の尊厳を主張し、雑誌『白樺』に集います。**武者小路実篤**『友情』、志賀直哉『暗夜行路』、有島武郎『或る女』が代表作です。

　大正時代に入ると、現実を理知的に捉え技巧的に表現する**新思潮派**が活躍します。芥川龍之介『羅生門』、菊池寛『恩讐の彼方に』などが代表作です。これに続き、当時流行していた反プロレタリア文学の立場から、文学の技法や表現の革命を目指す**新感覚派**も活躍します。横光利一『日輪』、川端康成『伊豆の踊子』『雪国』などが有名です。その他、中里介山『大菩薩峠』、直木三十五『南国太平記』のような**大衆文学**、鈴木三重吉の雑誌『赤い鳥』、宮沢賢治『銀河鉄道の夜』などの**児童文学**も盛んでした。

図5-22　大正・昭和初期文化の各分野重要ベスト３！

思　想	1	**平塚らいてう、市川房枝、山川菊栄、伊藤野枝**らの**女性解放**
	2	**森戸辰男、河上肇、野呂栄太郎、猪俣津南雄**らの**社会主義**
	3	**石橋湛山**らの**自由主義**や、**北一輝、大川周明**らの**超国家主義**
学　問	1	**野口英世**の医学、**本多光太郎**・三島徳七らの金属工学など
	2	**柳田国男、折口信夫、南方熊楠**らの民俗学
	3	**西田幾多郎、和辻哲郎**らの哲学
雑　誌	1	総合雑誌『太陽』『中央公論』『改造』『解放』『我等』
	2	大衆雑誌『キング』
	3	週刊誌『週刊朝日』『サンデー毎日』
その他	1	**安井曽太郎**『金蓉』、**梅原龍三郎**『紫禁城』らの西洋画 ※**竹久夢二**『黒船屋』、**上村松園**『序の舞』らの日本画
	2	**山田耕筰**、近衛秀麿、古賀政男、三浦環らの音楽
	3	**榎本健一**〔エノケン〕、**古川緑波**〔ロッパ〕らの喜劇

第一次世界大戦と国際協調体制

戦場にならなかった
新大陸の大国による"パクス゠アメリカーナ"。

　19世紀後半から伸びた新興勢力の**ドイツ**が、**オーストリア**と**イタリア**と三国同盟を結び、ベルリン・ビザンティウム・バグダードを中心に「**3B政策**」を計画しました。20世紀に入ると、伝統勢力の**イギリス**は、**ロシア**と**フランス**と、それぞれ英露協商と英仏協商を締結し、三国協商を形成。カイロ・ケープタウン・カルカッタを中心に「**3C政策**」で対抗します。**1914年**、セルビア人青年がオーストリア帝位継承者夫妻を暗殺した**サライェヴォ事件**を契機に、**同盟国**（イタリアは1915年に裏切り）vs. **連合国**（ロシアは1917年に革命で消滅）の図式で、第一次世界大戦が始まりました。

図5-23　第一次世界大戦時の世界と日本

世界
ヨーロッパ「ヴェルサイユ体制」成立まで **➡ ドイツ封じ込め**

1871年	**ドイツ帝国**成立　※ヴィルヘルム1世・ビスマルク宰相
1882年	**ドイツ・オーストリア・イタリアの三国同盟**
1888年	**ヴィルヘルム2世**即位
	※ビスマルクを罷免、「**世界政策**」の一環で**3B政策**を展開
1895年	ロシア・フランス・**ドイツ**が**三国干渉**し日本が遼東半島返還
1898年～	**欧米列強の中国進出**盛んに　※ドイツは山東半島の膠州湾
1900年～	**義和団事件**〔北清事変〕（～01年）
1902年	**第一次日英同盟協約**　※イギリスは「光栄ある孤立」撤回
1907年	**三国協商**成立　※露仏同盟＋英仏協商＋英露協商
1914年	**第一次世界大戦**（～18年）　※**同盟国**vs**協商国**〔連合国〕
1917年	**ドイツが無制限潜水艦作戦**を宣言　※アメリカが参戦表明
1918年	**ドイツ革命で帝政崩壊**　※共和国となり**連合国と休戦**
1919年	**パリ講和会議、ヴェルサイユ条約 ➡ ヴェルサイユ体制へ**
	※**山東半島の利権**と**赤道以北の南洋諸島統治権**を手放す

世界初の総力戦の舞台となり消耗・停滞するヨーロッパに対し、戦場にならなかった日本とアメリカは勢力を伸ばします。日本は、開戦直後から日英同盟を口実に連合国側で参戦、中国やシベリアに火事場泥棒的な進出を果たします。アメリカは、1917年のドイツによる無制限潜水艦作戦を口実に連合国側で参戦、圧倒的な経済力と軍事力で、翌年には民主党の**ウィルソン大統領**が「**平和原則十四カ条**」を掲げて大戦を終結に導きました。

アメリカが主導した第一次世界大戦後の国際協調体制を「**ヴェルサイユ・ワシントン体制**」といいます。**パリ講和会議（1918〜19年）**による「**ヨーロッパ方面におけるドイツ封じ込め**」がヴェルサイユ体制です。**ワシントン会議（1921〜22年）**による、「**アジア・太平洋方面における日本封じ込め**」がワシントン体制です。

国際連盟発足（1920年）も主導したアメリカは、ヨーロッパや日本を抑え込み、世界に君臨することになります。

第1章・原始
第2章・古代
第3章・中世
第4章・近世
第5章・近代
第6章・現代

日本
アジア・太平洋「ワシントン体制」成立まで ➡ **日本封じ込め**

1894 年	日清戦争に勝利（〜 95 年、台湾・澎湖諸島を植民地化）
1895 年	ロシア・フランス・ドイツが三国干渉し遼東半島は返還
1898 年〜	欧米列強の中国進出盛んに　※アジアの帝国主義時代
1900 年〜	義和団事件〔北清事変〕（〜 01 年）
1904 年	日露戦争に勝利（〜 05 年、南樺太を植民地化）
1910 年	日韓併合条約（朝鮮を植民地化）
1914 年	第一次世界大戦（〜 18 年）
1915 年	（対華）二十一カ条の要求
1917 年	西原借款（〜 18 年）、ロシア革命、石井・ランシング協定
1918 年	シベリア出兵（〜 22 年）
1919 年	パリ講和会議、ヴェルサイユ条約、三・一運動、五・四運動 ※山東半島のドイツ利権と赤道以北の南洋諸島統治権を得る
1920 年	国際連盟成立　※ウィルソン十四カ条が基礎
1921 年〜	ワシントン会議（〜 22 年）➡ ワシントン体制へ

第一次世界大戦

日本は漁夫の利
or火事場泥棒?

◇第一次世界大戦──初の世界大戦──

　近代のヨーロッパ人は、自分たちだけが「世界」だと信じて疑いませんでした。有色人種の暮らす南北アメリカ・アフリカ・アジア・オセアニアは植民地・占領地候補。**第一次世界大戦**（1914〜18年）というのも大げさな名称で、正確には**欧州大戦**です。伸び盛りの**ドイツ**と**オーストリア＝ハンガリー**両帝国が、欧州2トップの**イギリス・フランス**に挑戦する、というのが戦争の主題です。ドイツを中心とする三国同盟（**同盟国**）と、イギリスを中心とする三国協商（**協商国・連合国**）に分かれて戦いますが、**日本・中華民国・アメリカは協商国側に途中参戦**します。**イタリア**は同盟国を裏切り協商国へ、**ロシア**は革命で途中離脱したので放っておきましょう。

　特に日本は、大戦のどさくさに紛れ、**中国・シベリア・南洋諸島**に大きく進出したので、欧米からは「火事場泥棒」扱いされました（日本としては「漁夫の利」）。世界中で新型インフルエンザの**スペイン風邪**も大流行（パンデミック）し、大変な時代でしたから、余計に「うまくやりやがったな」と思われたようです。

　さて、賠償金の獲れなかった日露戦争後の不況にあえいでいた日本は、「対面の火事」の欧州大戦で、突然の好景気になります（＝大戦景気）。また、**日英同盟を口実に**、大戦に少しでも加わることで、廃税運動などで揉めていた**国内は一致団結**します。元老の推薦の下、軍閥・官僚閥と政党勢力が協力し合ったのが、開戦時の**第二次大隈重信内閣**（立憲同志会が背景）や、続く**寺内正毅内閣**（立憲政友会が背景→のち超然主義化）でした。

◇米騒動──初の本格的政党内閣成立──

　しかし**1918年**、大戦景気下の異常な米価高が、70万人参加、**日本史上最大の全国一斉暴動**である**米騒動**を引き起こします。そもそも好景気はインフレーションを伴うものですが、工業化の進展により農村から都市に出た労働者数が多すぎて、物価高に賃金高が追いつきません。また、食べる人が増え作る人が減ったので、米の需要は供給を上回ってしまいました。そこに、**シベリア出兵決定による高騰を見越した米の買い占め・売り惜しみ**が重なったのです。陸軍・長州閥の**寺内正毅「非立憲内閣」は退陣**に追い込まれ、**初の本格的政党内閣**として、伊藤博文、西園寺公望に次ぐ第3代**立憲政友会**総裁原敬が組閣するのです。東北の南部藩出身で爵位を持たない"**平民宰相**"の原敬は、大戦景気を背景に、地方の地主や自作農らの支持を得ようと、教育・交通・軍備の充実や産業奨励策を積極的に打ち出しますが、普通選挙運動や社会運動・社会主義運動には慎重なタイプでした。

図5-24　第一次世界大戦前の国際関係

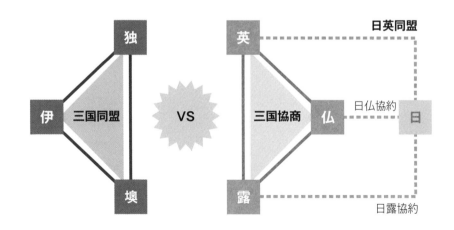

「勢力均衡方式」による平和維持に失敗

ヴェルサイユ・ワシントン体制

"パクス＝アメリカーナ"の時代

◇ヴェルサイユ体制──ヨーロッパの国際協調体制──

1861〜65年の南北戦争後、第二次産業革命が起きて重工業が躍進し、労働力としての**移民**や資源に恵まれた**アメリカ合衆国**は、19世紀末にはドイツやイギリスを凌ぐ**世界一の工業国**となっていました。第一次世界大戦（1914〜18年）に途中参戦したアメリカは、**1918年**、ウィルソン大統領（民主党）が「**十四カ条**」で平和理念を提唱し、**1919年**のパリ講和会議に臨みます。日本全権は、原敬内閣が派遣した**西園寺公望**と牧野伸顕でした。ウィルソンは、秘密外交や非民主的政治を批判し、平和や公平への民衆の願望を受け止め、自由主義・資本主義の下で新たな国際秩序を実現して、**ロシア革命（1917年）**後の社会主義・共産主義に対抗しようとします。しかし、イギリスのロイド＝ジョージ首相やフランスのクレマンソー首相は、植民地など既得権益を手放さず、この理念は部分的にしか実現しません。特に「**民族自決**」権がヨーロッパに限定され、ドイツの植民地や租借地が戦勝国に分配されたことは、アジアやアフリカの人々を失望させました。

1919年、ヴェルサイユ条約が調印され、ドイツは全ての植民地を失い、アルザス・ロレーヌをフランスに返還、**軍備制限**や**巨額の賠償金**支払いなどを課せられます。**1920年**には、①**アメリカは参加せず**、②**武力制裁規定もなく**、③**全会一致制**という問題を抱えていますが、スイスの**ジュネーブ**を本部に国際連盟の設置も決まりました。日本は英・仏・伊とともに**常任理事国**（のち独も）となり、事務局の次長には**新渡戸稲造**が就任しました。このような**ヨーロッパの国際協調体制**を**ヴェルサイユ体制**と呼びます。

◇ワシントン体制──アジア・太平洋方面の国際協調体制──

　1921〜22年、**ハーディング大統領**（共和党）の提唱で、アジア・太平洋方面に利権のある9カ国が参加する**ワシントン会議**が開かれます。日本全権は**海軍大臣加藤友三郎・貴族院議長徳川家達・駐米大使幣原喜重郎**でした。会議では、**太平洋諸島に関する現状維持を約束**した**四カ国条約**（1921年、米・英・日・仏→これにより日英同盟協約は破棄）、**中国の領土・主権の尊重と各国の門戸開放・機会均等を約束**した**九カ国条約**（1922年、米・英・日・仏・伊・蘭・ベルギー・ポルトガル・中国→これにより石井・ランシング協定は破棄）、**主力艦保有量の制限と今後10年間の建造禁止を約束**した**ワシントン海軍軍縮条約**（1922年、米・英・日・仏・伊）を締結し、**日本を封じ込め**ました。このような**アジア・太平洋の国際協調体制**を**ワシントン体制**と呼びます。社会主義のソ連を除けば、世界に"パクス゠アメリカーナ〔アメリカの平和〕"時代が到来したのです。

図5-25 ヴェルサイユ・ワシントン体制下の日本の領土

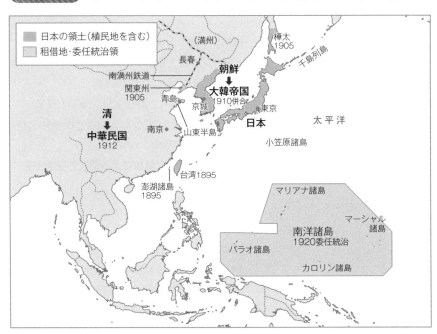

日本経済の急展開

想定外×2で光の世界から闇の世界へ。
そこは"出口のないトンネル"。

　大正〜昭和前期の日本経済は、まるでジェットコースター。最終的に脱輪・暴走して満州事変に突入するのですが、5期に分けて整理します。賠償金が獲れなかった「日露戦後不況」の闇を経て、1914年に"対岸の火事"である第一次世界大戦が始まると、経済は一気にV字回復、**光の世界**に突入します。①大戦景気（1915〜19年）は、「**交戦中のヨーロッパに軍需品・日用品が売れる**」「**独占した中国市場に綿製品が売れる**」「**好景気となったアメリカに生糸が売れる**」という大幅な輸出超過がもたらしたもの。日本は、11億円の債務国から27億円の債権国へと大化けしました。

図5-26　大正から昭和初期までの好況と不況

時　　期		要　　因
大戦景気！	1915〜19年	欧州・中国・米国への輸出超過
		※第一次世界大戦中の特別需要・市場の開放
戦後恐慌…	1920年	欧州諸国の復興により生産過剰…
		※大戦終了により"大正バブル"状態が終了
震災恐慌！	1923年	関東大震災（1923年）による首都圏の壊滅！
		※復興のための過剰な負担も
金融恐慌…	1927年	震災手形など不良債権による銀行の経営不振…
		※歴代内閣が処理できず
昭和恐慌！	1930〜31年	世界恐慌（1929年）がアメリカから直撃！
		※金解禁（1930年）が重なる
経済回復！	1931〜36年	満州事変（1931年〜）による経済回復！
		※金輸出再禁止（1931年）、新興財閥も登場
戦時経済…	1937〜41年	日中戦争（1937年〜）の長期化…
		※総力戦体制構築の必要性

しかし、大戦が終了すると**闇の世界**へ逆戻りします。②**戦後恐慌**（1920年）は、想定内でした。しかし、政府・日本銀行が対処を誤ります。大企業・市中銀行を中心に無理な救済を行ったため、「企業の合理化や財界の整理が十分進まず、終戦で生産を回復した欧米諸国に対抗することが困難になり、**不況が長期化**」してしまいます。そこへ**1923年、想定外の関東大震災**が起き、③**震災恐慌**（1923年）となりました。企業は倒れ、銀行経営は不良化します。となれば、期限内に"震災手形"が処理できなければ、④**金融恐慌**（1927年）となることは、想定内でした。しかし、**1929年、想定外の世界恐慌**がアメリカから襲います。翌年から**金解禁**という最悪のタイミングでした。この⑤**昭和恐慌**（1930〜31年）は、日本にとり"**出口のないトンネル**"。ドン詰まりの局面打開のため、国際連盟の常任理事国・ワシントン体制の当事者という枠を超え、**満州事変に突入**していくのです。

第1章・原始
第2章・古代
第3章・中世
第4章・近世
第5章・近代
第6章・現代

物価と景気	特記事項
物価↗景気↗（インフレーション・好況）	**成金の出現と民衆の生活苦**
	※特に**米価が高騰** ➡ 米騒動へ
物価↘景気↘（デフレーション・不況）	**安易で過剰な救済融資の実施**
	※合理化や整理進まず長期化
物価↗景気↘（インフレーション・不況）	**1カ月間の支払猶予令**
※スタグフレーション	震災手形割引損失補償令
物価↗景気↘（インフレーション・不況）	**3週間の支払猶予令**
※スタグフレーション	五大銀行に預金集中
物価↓景気↓（デフレーション・不況）	**重要産業統制法**（1931年）
※井上デフレ財政	**農山漁村経済更生運動**
物価↗景気→（軍需インフレ・回復）	円安の放置による輸出促進
※高橋インフレ財政	重化学工業の発達
物価↗景気…（物資不足・戦時中）	**国家総動員法**（1938年）
※経済統制	**「欲しがりません勝つまでは」**

大戦景気〜金融恐慌

その先は「出口の
ないトンネル」

◇大戦景気——"大正バブル"——

　第一次世界大戦（1914〜18年）は、元老井上馨の「**大正新時代の天佑**（＝天の助け）」という言葉通り、"対岸の火事"状態の日本には幸運でした。日露戦争後の不況から経済は一気にV字回復、**光の世界**に突入します。**大戦景気**（1915〜19年）は、「**交戦中のヨーロッパに軍需品・日用品が売れる**」「**独占した中国市場に綿糸・綿織物が売れる**」「**好景気となったアメリカに生糸が売れる**」という**大幅な輸出超過**がもたらしたもの。日本は、イギリス・アメリカに次ぐ世界第3位の海運国となり、11億円の債務国から27億円の債権国へと大化けしました。1919年には**工業生産額が農業生産額を追い越し**、日本はアジア最大の工業国となります。都市で労働者数（特に男子熟練工）が激増し、商業・サービス業も発展しました。しかし、好景気に伴う物価上昇率に賃金上昇率が追い付かず、勝ち組の**四大財閥**（三井・三菱・住友・安田）と、負け組（中小企業・庶民）と勘違い組（成金）がはっきりした時期でもありました。

◇戦後恐慌——想定内の恐慌だが……——

　しかし、欧州大戦が終了すると**闇の世界**へ逆戻りします。もちろん戦後恐慌（**1920年**）は、想定内でした。しかし、政府（財政）と日本銀行（金融）が対処を誤ります。大企業・市中銀行を中心に無理な救済を行ったため、「企業の合理化や財界の整理が十分進まず、終戦で生産を回復した欧米諸国に対抗することが困難になり、**不況が長期化**」してしまいます。

◇震災契機──想定外の恐慌──

　そこへ**1923年9月1日**、**想定外の関東大震災**が起き、**震災恐慌**（**1923年**）となりました。借金が返せなくなった企業に融資している市中銀行は、多額の「**震災手形**」と呼ばれる不良債権を新たに抱えてしまいます（そもそも戦後恐慌から経営は厳しかったのに……）。さらに、首都復興のため膨大な国家支出が発生し、不況〔スタグネーション〕なのに物価高〔インフレーション〕になってしまう**スタグフレーション**状態に。

◇金融恐慌──憲政会内閣次第の恐慌──

　1920年以来、慢性的な不況で体力がなくなっていた市中銀行を、このまま憲政会の**第一次若槻礼次郎内閣**（**片岡直温蔵相**）や日本銀行が救済できなければ、各支店の窓口で**取り付け騒ぎ**が起きて銀行が休業・破綻に追い込まれることは想定内でした。これが**金融恐慌**（**1927年**）だったのです。

図5-27　第一次世界大戦前後の貿易額

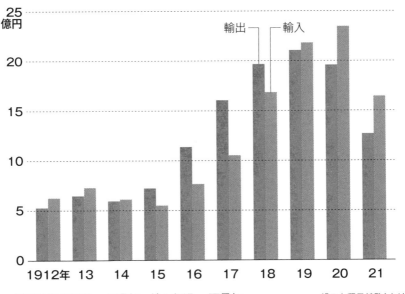

当時は輸出超過＝好景気、輸入超過＝不景気　　　　（『日本貿易精覧』より）

215

昭和恐慌〜大陸進出

日・満・華の
円ブロック形成へ

◇1920年代の経済──"出口のないトンネル"──

　国際協調のワシントン体制下で展開された1920年代の日本経済は、水力発電関連の重化学工業の発展は見られたものの、**慢性的不況**を続けました。戦後→震災→金融の各恐慌に対し、政府・日本銀行は紙幣を増発して救済政策を採ってきましたが、それは一時しのぎに過ぎず、大戦景気で過大に膨張した経済界の再編は進みませんでした。**国際競争力不足とインフレーション〔物価高〕**のために輸入超過は増大し、**1917年以来の金輸出禁止が続く中で、外国為替相場は動揺と下落を繰り返し**ました。多くの産業分野で企業協定や企業合同、大陸・半島への資本輸出の動きが強まり、財閥は金融・流通面から産業支配を進め、政党との結びつきを強めていきます（特に**三井と立憲政友会、三菱と立憲民政党**）。

◇金解禁と昭和恐慌──想定外の大恐慌──

　金解禁とは、輸入品の代金払いのために**正貨である金**の輸出を認めることをいい、国際間の金移動が自由になることで、為替相場安定の働きがありました。また、金解禁は**通貨である紙幣**の兌換を再開し、**金本位制に復帰**することを意味します。当時、欧米では、米・独・英・伊・仏の順に金本位制に復帰を完了していました。1929年に組閣した**立憲民政党**（もと憲政党）の**浜口雄幸内閣**は、**井上準之助蔵相**を起用し、財政を緊縮して物価引下げを図り（＝**デフレ財政**）、産業合理化を促進して国際競争力を強化することを目指しました。さらに**金解禁を断行**し、為替相場の安定と経済界

の抜本的な整理（＝生産性が低く競争力のない不良企業・機関の整理・淘汰）を図ります。

しかし、1929年10月24日＝「暗黒の木曜日」、ニューヨークのウォール街株式市場における大暴落により、世界恐慌が起きます。その要因は、「"永遠の繁栄"を謳歌していたアメリカの生産過剰（当時は共和党フーヴァー大統領）」です。世界の工業生産額は3分の2、貿易額は3分の1となり、ヨーロッパに投資した資本は引き上げられ、スターリンが五カ年計画を展開する社会主義国ソ連を除く、資本主義国全体が恐慌に陥ります。日本は、運悪くデフレ財政＋翌年金解禁でしたから、"嵐の日に雨戸を開けたような"輸入超過と金流出が発生して、想定外の昭和恐慌（1930～31年）が起きました。局面打開のため、国際連盟の常任理事国・ワシントン体制の当事者という枠を超えて日本は満州事変に突入、日本・満州・中華民国の共通通貨としての「円ブロック」経済圏形成を目指すのです。

図5-28 戦時体制下の主な出来事

内　閣	出来事
広田弘毅（官僚）	「国策の基準」決定、日独防共協定（36）
林銑十郎（陸軍）	なし（"何もせんじゅうろう"内閣）
近衛文麿①（貴族院）	盧溝橋事件で日中戦争開始（37）、近衛声明（38）
平沼騏一郎（枢密院）	ノモンハン事件、独ソ不可侵条約（39）
阿部信行（陸軍）	ヨーロッパで第二次世界大戦開始（39）
米内光政（海軍）	パリ陥落で仏が独に降伏、新体制運動（40）
近衛文麿②（貴族院）	北部仏印進駐、日独伊三国同盟（40）
近衛文麿③（貴族院）	南部仏印進駐、帝国国策遂行要領（41）
東条英機（陸軍）	太平洋戦争開始（41）、サイパン島陥落（44）
小磯国昭（陸軍）	東京大空襲、沖縄戦開始（45）
鈴木貫太郎（海軍）	ドイツ降伏、広島・長崎に原爆投下（45）

1945年　ポツダム宣言受諾

"昭和ファシズム"

独裁者なき"日本ファシズム"と、
「世界三分割」の大戦争での敗戦。

"昭和ファシズム"は、治安警察法（1900年）や治安維持法（1925年）に基づき、特別高等警察や憲兵により「**社会運動や自由主義・社会主義思想を取り締まる**」という、昭和時代前期、"15年戦争"時の風潮です。海外からは、**イタリアのムッソリーニによるファシズム、ドイツのヒトラーによるナチズムという右翼的全体主義**の影響を受けています。国内では、1924年の第二次護憲運動から8年続いた戦前の政党内閣時代"憲政の常道"が、**1932年**の血盟団事件と**五・一五事件**で終了します。「**話せばわかる**」"デモクラシー"から「**問答無用**」の"ファシズム"への転換でした。

図5-29　満州事変から終戦までの道のり

	内　閣	性　格
柳条湖事件	1931 年	満州事変勃発
満州事変	若槻礼次郎②〜 斎藤実	**中国東北部に進出** ※**満州国**（のち満州帝国）建国
塘沽停戦協定	1933 年	満州事変終息
華北分離工作	岡田啓介〜 林銑十郎	華北の国民政府からの分離を図る ※河北省に冀東防共自治政府設立
盧溝橋事件	1937 年	日中戦争開始（宣戦布告なし）
日中戦争	近衛文麿①〜 近衛文麿③	「**東亜新秩序**」の建設 ※**抗日民族統一戦線**結成で泥沼化
真珠湾攻撃	1941 年〜	太平洋戦争も開始
大東亜戦争	東条英機〜 鈴木貫太郎	「**大東亜新秩序**」の建設 ※**第二次世界大戦**の一部
ポツダム宣言受諾	1945 年	日本が無条件降伏

　国民は、不況の連続にあえぐ二大政党（立憲政友会・立憲民政党）と旧財閥（三井・三菱など）の連携に、もはや期待しません。軍部・右翼的な革新官僚と新興財閥（日産コンツェルン・日窒コンツェルン）の連携により、**ワシントン体制を破り、大陸に進出する道**を後押ししたのです。

　この時期は、4期に分けて整理します。①満州事変（1931～33年）で満州国を建国し、**国際連盟から脱退**した日本は、②**華北分離工作**（1935年～）の過程で、**二・二六事件**により陸軍が台頭します。③**日中戦争（1937年～）**が泥沼化する中、**国家総動員法**や**大政翼賛会**結成で戦時体制を強化、対外的には**日独伊三国同盟**と**日ソ中立条約**を締結し、"**鬼畜米英**"との対立を深めました。④**太平洋戦争**（1941～45年）では、1942年の**ミッドウェー海戦**以降、米英相手に防戦一方となり、本土空襲や**広島・長崎への原爆投下**を受け、途中からソ連も加わった**ポツダム宣言を受諾**し**無条件降伏**します。

展　開

満州国建国宣言、**五・一五事件**、日満議定書で満州国承認（32）、**国際連盟脱退**（**33**、同年ドイツも脱退）

国体明徴声明（35）、**二・二六事件**、軍部大臣現役武官制復活（**36**）
※36年には**日独防共協定**締結、**ワシントン・ロンドン両海軍軍縮条約失効**

日独伊三国防共協定（37）、**近衛声明×3（38）**、**第二次世界大戦勃発（39）**
北部仏印進駐、**日独伊三国同盟（40）**、**日ソ中立条約**、南部仏印進駐（**41**）

ミッドウェー海戦（42）、**イタリア降伏**、**カイロ会談（43）**、**ヤルタ会談**
ドイツ降伏、**ポツダム会談**、**広島に原爆**、**ソ連参戦**、**長崎に原爆（45）**

満州事変と日中戦争

引き返せない
戦争への道

◇満州事変──"十五年戦争"の開始──

　日本は、日清戦争（1894〜95年）により初の植民地として**台湾・澎湖諸島**を得て、**台湾総督府**が統治します。続く日露戦争（1904〜05年）で得た**南樺太**は**樺太庁**が管轄。1910年には大韓帝国も併合して日本領**朝鮮**とし、**朝鮮総督府**が統治しました。さらに第一次世界大戦（1914〜18年）でサイパン・パラオなど赤道以北の旧ドイツ領**南洋諸島**を、国際連盟の委任統治領として**南洋庁**が管轄しています。

　中国東北部に関しては、まず1905年のポーツマス条約により、遼東半島南部の旅順・大連の租借権をロシアから譲られました。そこを**関東州**とし、**関東都督府**（のち関東庁と関東軍に分割）が管轄します。同時に、**旅順〜長春間の鉄道**と付属利権も得たので、**1906年**に南満州鉄道株式会社〔**満鉄**〕という**半官半民の国策会社**（本社＝大連）を設立し、満州方面（奉天省・吉林省・黒竜江省の「東3省」）へも進出したのです。1920年以降、ワシントン体制の下で恐慌の連続にあえいだ日本は、**日・満・華「円ブロック」経済圏**を形成しようとします。**1931年**9月18日、関東軍参謀**石原莞爾**中佐らは、奉天郊外で満鉄を爆破して中国軍の仕業とし軍事行動を始めました（＝**柳条湖事件**）。これが**満州事変**の勃発です。翌年、「東3省」に興安省・熱河省を加えた**満州国**（のち満州帝国）建国宣言を発し、清朝最後の皇帝の**溥儀**を執政（のち皇帝）とします。そして1932年、斎藤誠内閣の**日満議定書**調印により、支配下に置きました。満州事変は**1933年**の**塘沽停戦協定**まで続き、日本はその間に**国際連盟を脱退**し、孤立していくのです。

◇日中戦争──想定外の泥沼化──

　日本は、中国北部に勢力を伸ばそうとします（＝**華北分離工作**）。その過程で発生したのが**日中戦争**〔**支那事変**〕（**1937〜45年**）です。**1937年7月7日**、支那駐屯軍による北京郊外の**盧溝橋**事件を契機に、**互いに宣戦布告のないまま**、戦いは中国全土に広がります。日本は、早期に終結させ市場・資源を確保した上で北進（vs. ソ連）or 南進（vs. 米英仏蘭）いずれかに向かいたいのですが、点と線（都市と鉄道）の支配にとどまり、面（農村地帯）の支配ができません。秘かに蔣介石の国民党を米英仏、毛沢東の共産党をソ連が援助、さらに両者が**第二次国共合作＆抗日民族統一戦線を結成**しており、中華民国国民政府の首都**南京**を落としても、武漢→重慶へと遷都しつつ粘られてしまい、戦闘は泥沼化していきます。しかも**1939年**、ドイツ・イタリアが**防共協定**を結ぶ日本に相談もなく、イギリス・フランス・オランダ相手にヨーロッパで**第二次世界大戦**に突入してしまいます。

図5-30　日中戦争要図

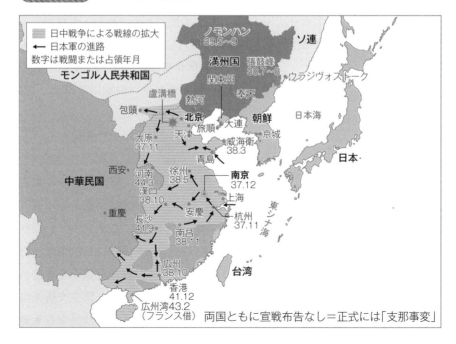

太平洋戦争

大風呂敷を
広げた果てに

◇北進計画挫折と南進政策実行──日本の迷走──

　軍部内には、限定的な戦闘を行い、泥沼化した日中戦争に対するソ連の意図を偵察しようという意見が高まっていました。そこで、**張鼓峰事件（1938年）、ノモンハン事件（1939年）**を戦いますが、①ともに敗戦したこと、②**日独伊三国防共協定**を結ぶドイツが（日本に相談もなく）**独ソ不可侵条約**を結んだこと、③**アメリカが日米通商航海条約破棄を通告**したことで、1940年「**新体制運動**」の結果成立した**第二次近衛文麿内閣**は、「大東亜共栄圏の建設」をスローガンに、南進政策を決定します。それが、同年の**北部仏印進駐**と**日独伊三国同盟**でした。日本と米英の対立は決定的となり、態度を硬化させたアメリカは、「**ＡＢＣＤ包囲陣**」による経済封鎖に加え、日本に対する屑鉄・鉄鋼・航空機用ガソリンの輸出を禁止、「**援蔣ルート**」を通じた中国に対する援助を強化しました。

　1941年、野村吉三郎駐米大使とハル国務長官の**日米交渉開始**となりますが、松岡洋右外相がモスクワで**日ソ中立条約**を調印し、閣内の足並みが揃いません。その最中、ドイツが（日本に相談もなく）**独ソ戦**を始め大混乱。7月2日、昭和天皇臨席の大本営政府連絡会議＝御前会議が開かれ、何とも欲張りな南北併進の「**帝国国策要綱**」が決まってしまいます。満ソ国境で70万人の**関東軍特種演習〔関特演〕**を行い、シベリア占領に色気を見せるも、ドイツに勢いがなく空振りに終わり、**ソ連に警戒心を持たれる**始末。また、松岡外相を外すため総辞職して再組閣された**第三次近衛文麿内閣**は、計画通り**南部仏印進駐**を実行したので、アメリカは**対米日本資**

産凍結・対日石油禁輸措置を採り、イギリスも日英通商条約破棄を通告してきたので、もはや**対米英開戦は避けられない状態**となりました。

◇太平洋戦争──世界史上最大の敗戦──

1941年9月6日の御前会議で「**帝国国策遂行要領**」が決まり、10月には開戦派の**東条英機**内閣が組閣されます。11月26日にアメリカが「満州事変以前への復帰を要求する」**ハル＝ノート**を出したので、**12月8日**、①陸軍による**英領マレー半島コタバル奇襲上陸**、②海軍による**ハワイ奇襲**〔真珠湾攻撃〕が行われ開戦しました。初期は好調でしたが手を広げすぎ、**1942年のミッドウェー海戦**以降は強烈な反撃を受けます。1943年からの学徒動員・女子挺身隊・学徒出陣もむなしく、**1944年にサイパン島が陥落**したことで本土空襲が激しくなり、**1945年**には**ソ連も参戦**し、**アメリカに2発の原爆を投下**され、国土は焦土と化します。**8月14日**、**鈴木貫太郎内閣がポツダム宣言を受諾**し、世界史上例のない、悲惨な敗戦となりました。

図5-31 大東亜戦争（＝日中戦争＋太平洋戦争）要図

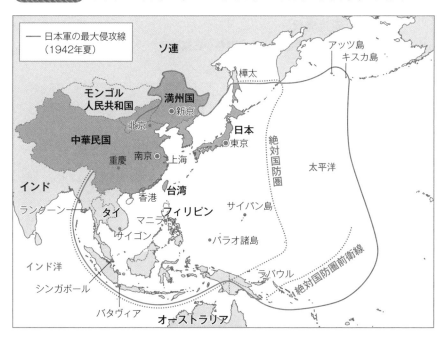

第1章・原始
第2章・古代
第3章・中世
第4章・近世
第5章・近代
第6章・現代

近代＝"脱亜入欧"の時代

幕末→明治→大正→昭和（前期まで）

〈まとめ〉
1

開国と江戸幕府の滅亡（江戸時代末期）

欧米列強の接近と封建的支配の終焉
※不平等条約の締結　※幕末期の文化

〈まとめ〉
2

中央集権体制の確立（明治時代初期）

薩長土肥による「富国強兵」「殖産興業」
※日清修好条規（対等）、日朝修好条規（日本優位）　※文明開化

〈まとめ〉
3

"脱亜入欧"＝条約改正の達成（明治時代）

立憲国家の成立→日清戦争→日露戦争
※明治期の文化

〈まとめ〉
4

"大正デモクラシー"と"憲政の常道"（大正〜昭和初期）

憲法の枠内で政党内閣・普通選挙など市民的自由を獲得
※第一次世界大戦への参戦と大陸・南洋進出
※ヴェルサイユ・ワシントン体制下の協調外交　※大正・昭和初期の文化

〈まとめ〉
5

"昭和ファシズム"と総動員体制（昭和時代前期）

満州事変→華北分離工作→日中戦争→太平洋戦争
※東亜新秩序→大東亜新秩序建設の夢やぶれる

第6章

現代

戦後と冷戦後

戦後の民主化

アメリカ中心の連合国＝国際連合による民主化と、
東西冷戦への対応。

　2011年の東日本大震災では「震災後」、2020年の新型コロナウイルス
禍では「アフターコロナ」という言葉が流行りましたが、結局のところ日
本史の現代は、いつまで続くかわからない「戦後」です。
　日中戦争＋太平洋戦争＝大東亜戦争時、戦況を正確に知らされていな
かった国民は、**1945年**、突然の敗戦に動揺を隠せませんでした。戦後の
民主化は、連合国（自由主義陣営＋社会主義陣営）が、日本という軍事国家を
民主国家に変えていく過程です。**実質的にはアメリカ軍の単独占領**によ
る、天皇制と内閣〔日本政府〕を残した間接統治方式で展開されます。

図6-1　戦後の民主化への動き

年　代	1945 年	1946 年	1947 年
内　閣	東久邇宮稔彦 幣原喜重郎	幣原喜重郎 吉田茂①	吉田茂① 片山哲
内　政	**五大改革指令** 神道指令	**天皇の人間宣言** **戦後初の総選挙** **日本国憲法公布**	二・一ゼネスト中止 初の参議院選挙 **日本国憲法施行**
経　済		**金融緊急措置令** 傾斜生産方式決定	復興金融金庫設置 独占禁止法
外　交	**GHQ設置** 降伏文書調印	**極東委員会設置** 対日理事会設置	
海　外	国際連合発足	東西冷戦開始	トルーマン＝ドクトリン マーシャル＝プラン

連合国軍総司令部〔ＧＨＱ〕の最高司令官**マッカーサー**は、大日本帝国憲法の改正に加え、**婦人の解放・労働組合結成の助長・教育の自由主義化・圧政的諸制度の撤廃・経済の民主化**からなる「五大改革指令」を出し、民主化がスタートします。しかし、1948年、朝鮮半島の大韓民国（資本主義）と朝鮮民主主義人民共和国（社会主義）が南北分断国家として独立し、1949年、国共内戦が終了した中国で中華人民共和国（社会主義）が成立し、中華民国（資本主義）が台湾に逃れると、日本の占領方針が変化します。

　ソ連との東西冷戦の中、1950年の**朝鮮戦争**勃発など激動する東アジア情勢を見たアメリカは、**民主化から経済・軍事的復興へ占領方針を変更**します。**1951年**、自由主義陣営とのみ**サンフランシスコ平和条約**を締結させ、同日に日米安全保障条約を結び、日本を「反共の防波堤」「極東の工場」としたのです。占領軍は、在日米軍基地の**駐留軍**へと名称を変えつつ、日本に居座ります。

1948年	1949年	1950年	1951年
片山哲 芦田均 吉田茂②	吉田茂② 吉田茂③	吉田茂③	吉田茂③
東京裁判判決	国鉄三大怪事件	**警察予備隊設置** レッドパージ	社会党左右に分裂
昭和電工事件 **経済安定九原則**	**ドッジ＝ライン** シャウプ勧告	**特需景気開始**	
			サンフランシスコ **平和条約** **日米安全保障条約**
韓国成立 **北朝鮮成立**	ＮＡＴＯ発足 **中国成立**	**朝鮮戦争開始**	

日本の占領と五大改革指令

まずはとにかく
おとなしく

◇日本の現代──「戦後」はいつまで──

　この単元から現代＝いつまで続くか不明の「戦後」となります。2011年3月11日の東日本大震災で「震災後」、2020年の新型コロナウイルス禍で「アフターコロナ」という新たな区切りが提示されましたが、現代の定義が揺らぐことはありません。日本人にとって、それほど1945年3月10日の**東京大空襲**、4～6月の**沖縄戦**（世界最大の**戦艦大和**も撃沈）、**8月6日**の**広島への原爆投下**（ウラン弾「リトルボーイ」）、8月8日の**ソ連参戦**表明（**シベリア抑留問題**や**中国残留孤児問題**）、**8月9日の長崎への原爆投下**（プルトニウム弾「ファットマン」）、**8月14日のポツダム宣言受諾**による無条件降伏、**8月15日**の昭和天皇による**玉音放送**などは、強烈な負のインパクトを放っています。

◇憲法改正と五大改革指令──日本の民主化──

　戦後の民主化は、1945年にアメリカの**ニューヨーク**を本部に国際連合を成立させた**連合国**（米英など自由主義陣営＋ソ連など社会主義陣営）が、日本という独占資本主義の軍事国家を、資本主義の民主国家に変えていく過程です。**実質的にはアメリカの単独占領**による、天皇制や内閣を残した**間接統治**方式で展開されます。このことが、日本をドイツのような東西分裂に追い込まず、速やかに自由主義陣営に組み入れることにつながり、また、日本人の占領軍への抵抗を緩和することになりました。

　統治の最高機関として、11カ国（のち13カ国）からなる**極東委員会**がワ

シントンに設置され、中間指令権を持つアメリカに基本方針を伝えます。東京には連合国軍総司令部（GHQ）があり、最高司令官は**マッカーサー元帥**です。同じ**東京**に米英ソ中4カ国からなる**対日理事会**が置かれ、GHQの諮問機関となります。GHQは、日本政府に対し憲法を超える拘束力を持つ**指令・勧告**を出し、それが国民に伝えられます。

マッカーサーは、戦後2人目の首相である**幣原喜重郎**に、大日本帝国憲法の改正〔日本国憲法の制定〕に加え、口頭で「五大改革指令」を伝えます。①**婦人の解放**（婦人参政権の付与と民法改正）、②**労働組合結成の助長**（「労働三法」の制定）、③**教育の自由主義化**（軍国教育の廃止）、④**圧政的諸制度の撤廃**（治安警察法・治安維持法・特別高等警察の廃止）、⑤**経済の民主化**（**農地改革**と**財閥解体**）ですが、完了せよというのではなく、スタートを切れ、ということです。

戦後初の総選挙後、**1946年**に成立した**第一次吉田茂内閣**（日本自由党）以降、改革は本格的に実行されていきます。

図6-2 日本の民主化（五大改革指令）

★**日本国憲法**	政府の**憲法問題調査委員会**『憲法改正要綱』（45）、**GHQ案**を基に政府原案、**公布（46）、施行（47）**
①**婦人の解放**	衆議院議員選挙法改正で**20歳以上の男女に選挙権**（45）、**戦後初の総選挙**で39名の女性が当選（46）
②**労働組合結成の助長**	**労働組合法（45）、労働関係調整法（46）、労働基準法（47）**、政令201号 ➡ 国家公務員法改正（48）
③**教育の自由主義化**	**教育基本法、学校教育法（47）**、教育勅語の失効、**教育委員**の設置（48、公選制 ➡ 56年から任命制）
④**圧政的諸制度の撤廃**	**治安警察法・治安維持法・特別高等警察廃止（45）**、公職追放令（46）、内務省廃止（47）
⑤**経済の民主化**	「**財閥解体**」➡ 大銀行が解体されず**不徹底** 「**農地改革**」➡ 自作農を大量に創出

占領政策の転換と国際社会復帰

復活して
防波堤になれ

◇占領政策の転換──民主化から経済的・軍事的復興へ──

　1948年、日本から独立していた**朝鮮半島**は分断国家となります。北は
ソ連の影響下に**社会主義国**の朝鮮民主主義人民共和国〔北朝鮮〕（首都＝
平壌、金日成ら）、南はアメリカの影響下に**自由主義国**の大韓民国〔韓国〕
（首都＝ソウル、李承晩ら）が建国。**1949年**には、中国の国共内戦が決着
し、大陸には勝利した**社会主義国**の中華人民共和国（首都＝北京、毛沢東
ら）、日本から独立していた**台湾**には**自由主義国**の中華民国（首都＝台北、
蔣介石ら）が建国されます。

　核開発・宇宙開発を含むソ連との**イデオロギー**〔**主義**〕**闘争**である東西
冷戦が本格化し、激動する東アジア情勢を見たアメリカは、日本を「**反
共**〔**反共産主義**〕**の防波堤**」「**極東の工場**」とするため、**民主化よりも経
済的・軍事的復興に占領方針を切り替えます。経済安定九原則**が実行さ
れ、**1950年**に**朝鮮戦争**が始まると**特需景気**で経済復興に拍車がかかり、
警察予備隊も設置され、戦前への"**逆コース**"が進みます。

◇日本の独立と安保条約──西側自由主義陣営との単独講和──

　朝鮮戦争で日本の戦略的価値を再認識したアメリカは、日本をアジアに
おける自由主義陣営の拠点とするため、西側自由主義陣営のみとの**単独講
和**を急ぎました。**1951年**、アメリカで**サンフランシスコ講和会議**が開か
れました。**9月8日**、日本の首席全権**吉田茂**首相と48カ国との間で**サン
フランシスコ平和条約**が調印され、日本は主権を回復します。しかし、奄

美・小笠原・沖縄の各諸島はアメリカの施政権下に置かれました。連合国のうち、①インド・ビルマ・ユーゴスラビアは出席を拒否、②ソ連・ポーランド・チェコスロバキアは**出席したが調印せず**、③**中華人民共和国・中華民国〔台湾〕は英・米の対立から招聘されず**、でした。同日、**日米安全保障条約**も調印され、アメリカ軍は占領解除後も「極東の平和と安全」のため**駐留**を続け、日本の防衛に「寄与」することになりました。しかし、①**アメリカの日本防衛義務欠如**、②**期限の不明確**、③「極東」についての明確な定義なし、④国内紛争に際しアメリカ軍の介入を認める（＝**内乱条項**）などの問題が残存しました。

1952年、日米安全保障条約に基づく**日米行政協定**が締結され、日本は米軍に基地（施設・区域）を無償提供し、**駐留費用を分担**することになりました。

同年4月28日、サンフランシスコ平和条約が発効し、日本は独立を回復しましたが、**米軍基地反対闘争**が起きるなど、複雑な状況が続きます。

図6-3　独立回復後の日本領

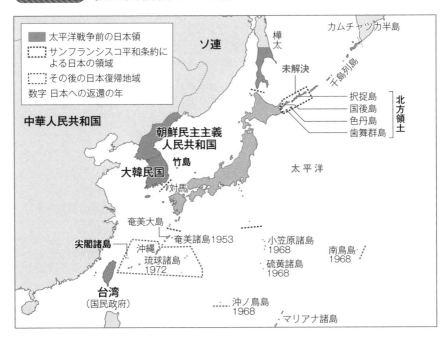

戦後の経済成長

アメリカの「核の傘」「ドルの傘」の下での、
世界最高の経済成長。

　東西冷戦が激化する中、日本を「反共（反共産主義）の防波堤」「極東の工場」とするため、アメリカは**占領政策を転換**しました。1948年、日本経済の一刻も早い復興・安定・自立のため、ＧＨＱが**経済安定九原則**（総予算の均衡・徴税（ちょうぜい）の強化・貿易と為替（かわせ）管理の改善・輸出の振興など）実行指令を出します。翌年に来日した鬼コーチ2名がドッジとシャウプです。ドッジは、1円の赤字も許さない**超均衡予算**を設定し、**デフレ政策**を展開。**1ドル＝360円の単一為替レート**も設定します（＝ドッジ゠ライン）。シャウプは、**直接税中心主義の新税制**をスタートさせます（＝シャウプ勧告（かんこく））。

図6-4　経済成長の特色

名称と時期	特　色
特需景気！ **1950 ～ 53 年**	**朝鮮戦争**開始に伴う "国連軍" の**特別需要！** ※1951 年に鉱工業生産が戦前の水準を上回る
神武景気 ※**1955** ～ 57 年	世界的好景気の波に乗り**高度経済成長開始** ※1956 年『経済白書』「もはや "戦後" ではない」
なべ底不況	神武景気の反動不況（1957 ～ 58 年）
岩戸景気 **1958** ～ 61 年	「なべ底不況」に対する金融緩和 ※1960 年『経済白書』「投資が投資をよぶ」
オリンピック景気 1962 ～ **64 年**	東京オリンピック開催に向けての需要喚起 ※**東海道新幹線**・首都高速道路・競技施設建設など
昭和40 年不況	オリンピック景気の反動不況（1965 年）
いざなぎ景気！ 1966 ～ 70 年	**ベトナム戦争**本格化に伴う米軍の**特別需要！** 従来の設備投資型→輸出依存・財政主導型の好景気へ
列島改造ブーム 1972 ～ **73 年**	**田中角栄内閣**による国内開発ブーム ※**1973 年の第一次石油ショックで高度経済成長終了**

1950年に始まる朝鮮戦争に伴う**特需景気**で、翌年には鉱工業生産が戦前の水準を上回りました。そして、**1955年**からは年平均約10％程度の**高度経済成長**が始まります。**神武景気**以降、**岩戸景気**、**オリンピック景気**、**いざなぎ景気**〔ベトナム特需〕を経て、1968年、**日本はアメリカに次ぐGNP**〔国民総生産〕**資本主義世界第2位**の経済大国となりました。

　高度成長を支えたのが「**55年体制**」です。1955年以降、保守勢力の**自由民主党**が議席の約3分の2を、革新勢力の**日本社会党**が約3分の1を分け合います。また、同年に始まる「**春闘**」方式の賃金闘争も産業の発展に寄与します。ともに「馴れ合いの出来レース」だったからこそ、政治や労使関係が安定したのです。

　しかし、外的要因である「1ドル＝360円の**円安の固定為替相場**」「アラブ諸国からの**石油の安定供給**」が、1970年代前半の"**ダブルショック**"（ドル＆オイル）により崩れ、高度経済成長は突然の終わりを迎えます。

物価と景気	象徴的な出来事
物価↗景気↗（インフレ・好況）	**IMF**〔国際通貨基金〕加盟（52） ※**IBRD**〔国際復興開発銀行〕にも
物価↗景気↗（インフレ・好況）	**GATT加盟**（55） ※関税及び貿易に関する一般協定
物価↘景気↘（デフレ・不況）	
物価↗景気↗（インフレ・好況）	『貿易・為替自由化計画大綱』作成（60） ※第二次岸信介内閣による"第二の開国"
物価↗景気↗（インフレ・好況）	**LT貿易**〔日中準政府間貿易〕開始（62） **OECD**〔経済協力開発機構〕**加盟（64）**
物価↘景気↘（デフレ・不況）	戦後初の赤字国債発行
物価↗景気↗（インフレ・好況）	**GNP資本主義世界第2位（68）** ※GNPは現在のGNI〔国民総所得〕
物価↑景気↗（インフレ・好況）	**変動為替相場制への移行（73）** ※のち**キングストン合意**で承認（76）

焦土からの経済復興

飢え死にだけは避けたい

◇経済の復興①――戦後の復興政策――

　終戦時の経済状態は、想像を絶するほど悪化していました。軍人・兵士が民間人に戻る**復員**や、海外民間人の**引揚げ**、**軍需産業の崩壊などによる失業者の急増**もあり、生活は困窮します。とにかく食糧・物資不足なので、どうしても**インフレーション**〔物価高〕になるのです。政府は5つの政策を行います。①**金融緊急措置令**・物価統制令（1946年）。紙幣の流通量を減らすため、預金封鎖・新円切り替え（100円を新1円に）を実施し、富裕者に財産税を賦課します。②**アメリカの援助金**（1945～51年）。**ガリオア**〔占領地域行政救済資金〕と**エロア**〔占領地域経済復興援助資金〕を借り、後に返済します。③**経済安定本部の設置**（1946年）。のち経済審議庁→経済企画庁へと発展します。④**傾斜生産方式の決定**（1946年）。限られた資金を、石炭・鉄鋼・電気・化学肥料などの**重要産業に集中投資**します。⑤**復興金融金庫**〔**復金**〕の設置（1947年）。傾斜生産や経済復興に必要な資金を融資しますが、過剰融資＋政府の価格差補給金＋赤字財政により、インフレーションを激化させてしまいます（＝**復金インフレ**）。1948年、この状況を見たGHQが、日本経済の一刻も早い復興・安定・自立のため（＝東西冷戦に参加させるため）、**経済安定九原則実行指令**を出します。**①予算の均衡、②徴税の強化、③資金の貸出制限、④賃金の安定、⑤物価の統制、⑥貿易・為替管理の改善、⑦輸出の振興、⑧生産の増強、⑨食料集荷の改善**を、**1949年**から**第三次吉田茂内閣**が実行するのですが、その際、アメリカから協力な助っ人、いや鬼コーチが2名来日したのです！

◇経済の復興②──ドッジ゠プランとシャウプ勧告──

　デトロイト銀行頭取の**ドッジ**は、当時の日本経済を、アメリカの援助と政府の価格差補給金の2本足で辛うじて立つ「竹馬経済」と酷評します。そして、**1円の赤字も許さない超均衡予算を設定**し、復興金融金庫の融資を停止、国民に増税と耐乏生活を要求する**デフレ政策**を展開します。また、**1ドル＝360円の単一為替レートを設定**し、日本を国際経済に放り込みます。このように強烈な「**ドッジ゠プラン〔ドッジ゠ライン〕**」によりインフレは収束しましたが、**ドッジ゠デフレ〔安定恐慌〕**が発生して失業者は増大、それに関連し、**国鉄三大怪事件**（下山・三鷹・松川事件）も起きました。また、コロンビア大学教授の**シャウプ**を中心とする税制専門家チームが来日、強烈な「**シャウプ勧告**」により**直接税**（特に所得税）**中心主義の新税制**がスタートし、政府・国民は翻弄されます。しかし1950年"対岸の火事"の**朝鮮戦争**が始まり、**特需景気**により経済はV字回復するのです！

図6-5　占領下の日本統治＝間接統治

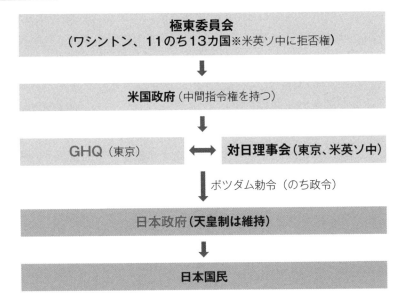

米国政府からGHQを通じ経済安定九原則実行指令（1948年）

235

高度経済成長と55年体制

なぜか世界一の
V字回復

◇高度経済成長——戦後の復興政策——

　1950年に始まる"対岸の火事"朝鮮戦争による**特需景気**の間、1951年に鉱工業生産は戦前の水準を回復しました。**1955年**の**神武景気**から、年約10％の成長を続ける**高度経済成長**が始まります。**1956年**、『経済白書』に「**もはや"戦後"ではない**」と書かれて調子に乗っていると、翌年から**なべ底不況**が待っていましたが、1958年からは**岩戸景気**に。この頃、「**三種の神器**」と呼ばれたのが**白黒テレビ・電気洗濯機・電気冷蔵庫**でした。

　1960年、岸信介内閣の**60年安保闘争**後に**池田勇人内閣**が成立。「寛容と忍耐」「政経分離」を唱え、"政治の季節から経済の季節へ"移行して「国民所得倍増計画」を発表し、**高度経済成長政策**を推進しました（7年後に達成）。1964年の東京オリンピック前には**オリンピック景気**があり、終了後、佐藤栄作内閣に代わっていた1965年には、反動で**昭和40年不況**が起き、戦後初の赤字国債発行がありました。

　しかし、ここでまた"対岸の火事"**ベトナム戦争**の特需景気＝**いざなぎ景気**が起きます。この頃、「**新三種の神器〔3C〕**」と呼ばれたのが**カー・クーラー・カラーテレビ**でした。57カ月も続く超大型景気の間、**1968年**、西ドイツを抜き**アメリカに次ぐ資本主義世界第2位**の経済大国となった日本では、「消費は美徳」とする**消費革命**が起き、核家族化した人々に**中流意識**も発生していました。さらに、田中角栄内閣の1972年から**列島改造ブーム**や**流通革命**（スーパーのダイエーが三越百貨店の売上高を抜き1位となる）が起き、成長が続くかと思われましたが、**1973年**に終焉します。

◇高度経済成長の要因──国外要素の二本柱が折れると……──

　高度成長の要因は沢山ありますが、まず土台となる要素を挙げましょう。それは、国民の**高い教育水準**と**高い貯蓄率**です。優秀な労働力があり、銀行から十分な融資がある状態で、外国技術の積極的導入・外資提携による「**技術革新**」が起き、あいつぐ「**設備投資**」により生産量が激増します。そして、この間に、**終身雇用制・年功序列賃金・企業別労働者組合**という「**日本的経営**」が確立し、欧米式のジョブ型ではない、人生丸抱え（会社＝社会）のメンバーシップ型ハードワークが行われました。

　他に、国内では、①自民党単独政権の**55年体制による政権の安定**、②**春闘方式による労使協調型の賃金闘争**、という二大「馴れ合い」が大きな成長要因でした。国外関係では、①**1ドル＝360円の円安状態維持**、②アラブ諸国からの**石油の安定供給**でした。それが**ドルショック**と**オイルショック**で崩れると……。

図6-6　戦後内閣と主な出来事

東久邇宮稔彦（皇族）	ミズーリ号上で降伏文書調印（45）
幣原喜重郎（官僚）	五大改革指令（45）、天皇の人間宣言（46）
吉田茂①（日本自由党）	日本国憲法公布（46）、施行（47）
片山哲（日本社会党）	労働省設置（47）
芦田均（民主党）	昭和電工事件（48）
吉田茂②③（民主自由党）	サンフランシスコ平和条約（51）
吉田茂④⑤（自由党）	造船疑獄事件（54）
鳩山一郎①②（日本民主党）	左右社会党統一、保守合同（55）
鳩山一郎③（自由民主党）	日ソ共同宣言、国際連合加盟（56）
石橋湛山（自由民主党）	病のため65日で総辞職
岸信介①②（自由民主党）	新日米安保条約、日米地位協定（60）
池田勇人①②③（自由民主党）	東京オリンピック（64）
佐藤栄作①②③（自由民主党）	大阪万博（70）、札幌オリンピック（72）

低成長と混迷の時代

敗戦国としての現実と、
東西冷戦後の国際社会における立ち位置。

　1964年に**東京オリンピック**、70年に**大阪万博**、72年に札幌オリンピックを開催し、経済大国ぶりを世界にアピールした日本ですが、外的な"**ダブルショック**"により、**高度経済成長は突然の終わり**を迎えます。

　まず、**1971年**の「**ドルショック**」で、アメリカが金とドルの交換を停止し、73年以降、資本主義国は固定為替相場から**変動為替相場に移行**していきます。そして、**1973年**の「**オイルショック**〔**第一次石油危機**〕」で**原油価格が4倍に値上がり**し、資本主義国は大パニックになりました。2年後に**サミット**〔**主要国首脳会議**〕を初開催したくらいです。

図6-7　低成長・混迷時代の主な出来事

第一次石油危機	**1973年**	高度経済成長の終わり
低成長時代	**1974～87年**	**田中角栄②〜中曽根康弘③内閣** ※1979年に第二次石油危機
ルーブル合意	1987年	円高不況の終了
バブル経済	**1987～91年**	中曽根康弘③〜海部俊樹②内閣 ※1989年から**平成時代**
バブル崩壊	**1991年**	複合不況の始まり
失われた10年	1991～2001年	海部俊樹②〜小泉純一郎①内閣 ※1993年から連立内閣
米同時多発テロ	2001年	「テロとの戦争」開始
失われた20年	2001～2011年	小泉純一郎①〜菅直人内閣 ※2008年に世界金融危機
東日本大震災	**2011年**	東京電力福島第一原発事故
震災後の日本	2011～現在	菅直人〜**安倍晋三④内閣** ※2019年から**令和時代**

日本は**1974年、戦後初のマイナス成長**を記録しますが、翌年からそれなりに持ち直し、**低成長〔安定成長〕**時代に突入します。79年の第二次石油危機はダメージが少なく、85年のプラザ合意に伴う円高不況を乗り越え、87年のルーブル合意以降は、実体のない**バブル景気**を迎えます。

　しかし、**1989年**に昭和天皇が崩御、**平成時代**に突入すると、同年にマルタ会談で**東西冷戦も終結**し、世相はがらりと変わります。1991年に**バブル崩壊**、93年には**自民党の「55年体制」が崩壊**し、連立政権へと移行して政治は不安定になります。経済的にも複合不況が始まり、「失われた10年」のつもりが「失われた20年」となり、出口が見えないまま**令和時代**を迎えました。

　日本は現在、アメリカの「核の傘」の下で、地政学的に見ればロシアや中国の脅威にさらされています。**冷戦終結後の役割が見えない**中、「何でもあり」「やったもん勝ち」の**国際社会での位置取り**が注目されます。

第一回ランブイエサミット（75）、ロッキード事件（76）、**日中平和友好条約（78）**、第二次石油危機（79）、ＮＴＴ・ＪＴ発足（85）、ＪＲ発足（87）

リクルート事件（88〜）、昭和天皇崩御、税率３％で消費税導入、マルタ会談により**東西冷戦終結（89）**、東西ドイツ統一（90）、湾岸戦争勃発（91）

ソ連解体（91）、ＰＫＯ協力法（92）、**55年体制の崩壊（93）**、**阪神・淡路大震災、地下鉄サリン事件（95）**、アジア通貨危機（97）、中央省庁再編（01）

日朝平壌宣言（02）、イラク戦争（03）、郵政民営化（05）、**世界金融危機（08）**、民主党へ政権交代（09）

自民党へ政権交代（12）、「アベノミクス」開始（13）、**集団的自衛権**行使を認める安全保障関連法（15）、18歳選挙権開始（16）、**コロナショック（20）**

低成長時代とバブル

攻めてた
つもりが……

◇低成長時代──今を思えば安定成長──

　非核三原則「持たず・作らず・持ち込ませず」を世界に発信しつつ、1970年には大阪で万国博覧会も開催するなど、平和主義の経済大国として絶好調だった日本を、2つのショックが襲います。1つ目は、**1971年のドルショック**です。**アメリカ大統領ニクソン**が、金・ドル交換停止などの「新経済政策」を発表し、10カ国蔵相会議により**1ドル＝308円〔スミソニアン＝レート〕への円切り上げ（＝円高）が決定**しました。2つ目は、1973年のオイルショック〔第一次石油危機〕です。**第四次中東戦争**でイスラエル（ユダヤ人）に4連敗したアラブ諸国（アラブ人）が、石油価格を4倍に値上げして、イスラエルの背景にいる資本主義国にダメージを与えます。

　このダブルショックで**高度経済成長は終了**、1974年に戦後初のマイナス成長となりました。しかし、日本企業は省エネ・人員整理などの「減量経営」や、オフィス・工場の自動化（OA・FA）で対処し、翌年から2〜5％程度の**低成長時代**に入りました。製鉄などの「重厚長大」産業から半導体などの「軽薄短小」産業への移行を上手く進めていた日本は、**イラン革命**（ペルシャ人）を契機とした**1979年の第二次石油危機**も低ダメージで乗り切り、経済の「右肩上がり」を続けます。ところが**1985年**、双子の赤字（＝財政＆貿易赤字）に悩むアメリカから、ニューヨークのプラザホテルに呼び出しがかかります。**G５**（米・日・独・英・仏五カ国蔵相・中央銀行総裁会議）により、**ドル切り下げ**（＝円高）が決定、当時は加工貿易国で、輸出に依存していた日本は、**円高不況に突入**します（＝プラザ合意）。

◇バブルの時代──日本経済最後のひと伸びは泡……──

　1987年、これ以上のドル下落は好ましくないとして、為替相場の安定を図る**G7**〔米日独英仏伊加〕会議がパリで開かれました（＝**ルーブル合意**）。これにより、円高不況中に企業や金融機関でだぶついた資金が、国内外の不動産・株式・絵画などの市場に流入したことが主な原因となり、生産実体のない「バブル景気」がスタートしました。

　この間、①**1989年**に**昭和天皇が崩御**し平成と改元、竹下 登内閣が**消費税を3％で初導入**、米英の**マルタ会談により東西冷戦終結**、ベルリンの壁崩壊。②1990年に東西ドイツ統一。③**1991年**の年明けに湾岸戦争勃発と内外情勢は動きましたが、その春、ついに**バブル経済は崩壊**しました。

　大した担保も取らず過剰融資をしていた銀行は、**不良債権**を大量に抱えて貸し渋りや貸し剥がしを行い、資産が目減りした（＝実体に戻った）人々は、経済的・精神的に委縮していくことになります。

図6-8　戦後の経済成長率（実質）の推移

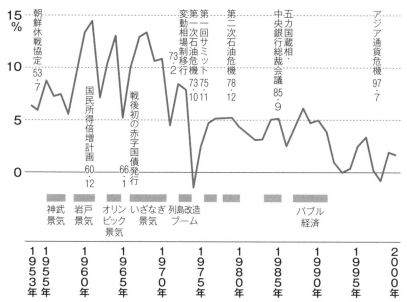

（『国民所得統計年報』『国民経済計算年報』より）

失われた20年と93年体制
いつまで続く
退却戦

◇**政界の激動** ── 55年体制から93年体制へ ──

　革新勢力の左右社会党が合同した**1955年**、**自由党**（吉田茂の後継の緒方_{おがた}竹虎_{たけとら}）と**日本民主党**（鳩山一郎_{はとやまいちろう}）が「**保守合同**」し、第三次鳩山一郎内閣で**自由民主党**が成立します。**1956年、日ソ共同宣言**でソ連と講和したことから**国際連合に加盟**、国際社会に完全復帰した日本は、自民党が総議席の約3分の2を、社会党＋共産党（のち公明党なども）が約3分の1を分け合う**55年体制**を続けました。1960年の安保改定〔**日米相互協力及び安全保障条約**〕と**日米地位協定**、**1965年の日韓基本条約**、**1968年の小笠原諸島返還**、**1972年の沖縄返還**と**日中共同声明**、**1978年の日中平和友好条約**を経て、3度の東京サミットを行ったのも自民党政権でした。

　しかし、**1976年のロッキード事件**、1988年からのリクルート事件、1991年からの東京佐川急便事件とゼネコン汚職事件など「政治とカネ」の問題が常に付いて回り、バブル経済が崩壊したこともあり、自民党は国民の信頼を失います。1993年、**宮沢喜一内閣**_{みやざわきいち}が退陣、日本新党の細川護_{ほそかわもり}熙_{ひろ}を首班とする**非自民8党派連立内閣**が成立し、自民党単独政権の**55年体制が崩壊**、連立政権の"**93年体制**"がスタートします。

◇**失われた20年** ── バブル後の世相 ──

　バブル崩壊後の「失われた20年（結局30年以上？）」には、これまでの価値観を大きく揺るがすような出来事がいくつもありました。**1995年**の**阪神・淡路大震災**と、オウム真理教信徒による**地下鉄サリン事件**は、人々

に「世紀末」を連想させました。あれほどの負のニュースを全国民が共有したことは、戦後、ありませんでした。**2001年9月11日**には、世界中が驚愕する**アメリカ同時多発テロ**が起きました。冷戦後、民族紛争・宗教紛争など地域紛争の多発とともに、テロとの戦いが「新しい戦争」に加わりました。**2008年**、アメリカ発の**世界金融危機**〔**リーマン＝ショック**〕も世界共通の大ニュースでした。その影響で、**2009年**には**民主党**の鳩山由紀夫内閣への政権交代もありました。しかし、**2011年3月11日**の東日本大震災・東京電力福島第一原発事故は、世界中に衝撃を与えました……。

2012年から続く**安倍晋三**自民党・公明党連立政権は、長引く不況に終止符を打つべくインフレ政策「**アベノミクス**」を打ち出し、日米関係を緊密にして安全保障関連法を成立させ、長期政権を維持してきました。

ところが**2020年**、**新型コロナウイルス**が、日本のみならず世界の風景を一変させました。ボーダーレス社会から、心理的・身体的障壁のあるボーダー社会へ逆戻りする中で、我々一人一人の生き方が問われています。

図6-9　93年体制の確立

田中角栄①②（自由民主党）	日中共同声明（72）、第一次石油危機（73）
三木武夫（自由民主党）	ロッキード事件（76）
福田赳夫（自由党民主党）	日中平和友好条約、日米ガイドライン（78）
大平正芳①②（自由民主党）	第二次石油危機（79）
鈴木善幸（自由民主党）	第二次臨時行政調査会発足（81）
中曽根康弘①②（自由民主党）	プラザ合意、靖国神社公式参拝（85）
中曽根康弘③（自由民主党）	ルーブル合意、バブル景気スタート（87）
竹下登（自由民主党）	昭和天皇崩御、消費税導入（89）
宇野宗佑（自由民主党）	ラブ・スキャンダルにより退陣（89）
海部俊樹①②（自由民主党）	東西冷戦終結（89）、バブル崩壊（91）
宮沢喜一（自由民主党）	ソ連解体（91）、PKO協力法（92）
1993年　総選挙で自民党が大敗し非自民8党派に政権交代	
細川護熙（日本新党）	衆議院小選挙区比例代表並立制導入（94）

戦中・戦後の文化

もはや何でもあり！

◇戦中の文化──戦時体制下の文化──

日中戦争＋太平洋戦争＝大東亜戦争時の文化を、そのまま戦中の文化と呼びます。戦時体制下においては、**軍部や政府当局の厳しい統制**や国家主義的気運の高揚により、自由主義（中道派）・社会民主主義（社会主義右派）・共産主義（社会主義左派）が衰退、転向者が続出してプロレタリア文学が壊滅した反面、日本の伝統的文化・思想への回帰が見られました。また、従軍を体験した芸術家が、**戦争文学**（火野葦平『麦と兵隊』、石川達三『生きてゐる兵隊』など）や**戦争記録画**を多数制作しました。

◇戦後の文化──価値観の変化──

敗戦により国家主義・全体主義・軍国主義体制における**従来の価値観が否定**され、**自由主義・個人主義・民主主義の風潮が広まり**、大衆文化は活気を取り戻します。しかし、急激なアメリカ文化の流入は、国民にとまどいをもたらすこともありました。これが**戦後の文化**です。

大正時代の**1925年**に始まっていた**ラジオ放送**は、翌年に**日本放送協会**〔**ＮＨＫ**〕が設立され、1931年の満州事変勃発以降、出兵兵士の安否を気遣い契約者が激増し、戦時中には欠かせないものになっていました。戦後の1951年、民間ラジオ放送が始まります。**1953年**にはＮＨＫにより**テレビ放送**が始まり、受像機の普及とともに日常生活に欠かせないものとなり、**映画産業の衰退**を招きます。1960年にはカラーテレビ放送も始まりました。

歌手の**美空ひばり**、映画監督の**黒澤明**、水泳の**古橋広之進**、プロレスの

力道山、漫画・アニメーションの手塚治虫など、テレビ・ラジオ・新聞・雑誌などのマスメディアにより、国民的な存在となった人物もいました。1949年に初のノーベル賞を受賞した物理学者の湯川秀樹、政治学者の丸山真男なども抜群の知名度を誇りました。

　さて、最後に恒例の文学を扱いましょう。戦後、まずは無頼派〔新戯作派〕の坂口安吾の評論『堕落論』、太宰治『斜陽』『人間失格』、織田作之助『夫婦善哉』が話題になり、第一次戦後派の野間宏『真空地帯』、第二次戦後派の大岡昇平『俘虜記』、安部公房『砂の女』、三島由紀夫『仮面の告白』『金閣寺』も高い評価を得ています。その後、中間小説が流行し、石原慎太郎『太陽の季節』、大江健三郎『飼育』『死者の奢り』など青年作家の話題作が出てきます。推理小説の松本清張『点と線』『砂の器』、歴史小説の司馬遼太郎『竜馬がゆく』『坂の上の雲』、社会小説の石牟礼道子『苦海浄土』、有吉佐和子『恍惚の人』、山崎豊子『白い巨塔』なども多数の支持を得ました。木下順二の戯曲『夕鶴』も、誰もが知る作品です。

図6-10　戦時体制下の思想弾圧

1933年	滝川事件〔京大事件〕	『刑法読本』の京大教授滝川幸辰が休職
1934年	陸軍パンフレット問題	陸軍が軍国主義的パンフレットを配布
1935年	天皇機関説問題	憲法学者美濃部達吉が貴族院議員辞職
1936年	コム＝アカデミー事件	講座派の弾圧
1937年	矢内原事件 第一次人民戦線事件	東大教授矢内原忠雄が自主退職 山川均ら労農派の活動家を検挙
1938年	第二次人民戦線事件 河合事件	大内兵衛ら労農派の学者を検挙 東大教授河合栄治郎が休職
1940年	津田事件 内閣情報局設置	早大教授津田左右吉が辞職 思想統制の中心機関
1942年	横浜事件 日本文学報国会結成 大日本言論報国会結成	総合雑誌『中央公論』『改造』廃刊 多数の文学者を半強制的に会員とする 積極的に政府に賛同する評論家団体

現代＝「戦後」と「冷戦後」

昭和中・後期→平成→令和時代

〈まとめ〉
1

戦後の民主化（終戦直後）

GHQによる軍国主義の解体
※憲法改正と五大改革指令

〈まとめ〉
2

占領政策の転換と国際社会への復帰（1948～51年）

東西冷戦激化による西側資本主義「反共の防波堤」
※サンフランシスコ平和条約、日米安全保障条約

〈まとめ〉
3

高度経済成長と55年体制のスタート（昭和時代中期）

特需景気→岩戸景気→オリンピック景気→いざなぎ景気
※固定為替相場制と石油の安定供給が二本柱として支える
※政治の安定と労使協調的風潮

〈まとめ〉
4

低成長時代とバブル（昭和時代後期）

第一次・第二次石油ショックを乗り越え安定成長
※冷戦下における対米協調

〈まとめ〉
5

冷戦終結とバブル崩壊後の複合不況（平成～令和初期）

日本の役割とパワーの変化
※単独政権から連立政権へ

おわりに

お疲れさまでした！　時間のない人向けに**効率よくスピーディに読める＆受験にも役立つ**本を書いたつもりとはいえ、1冊を読み切るって凄_{すご}いことです。いったん達成感を味わってください。

2020年、世界のさまざまな地域が同時にコロナショックに襲われ、人々の移動が制限され、グローバル化すなわち「ボーダーレス化」が進んでいたはずの世界は逆進することになりました。国境や都道府県境が、以前よりはっきりとし、そこに「長く高い壁」がある「**ボーダー化**」の時代です。もちろん、世界はくまなくインターネットとSNSなどで繋がっており、他者の多様性を広く認めていこうという意識は変わらないでしょう。しかし、人々の心の底にあったボーダーもまた、浮かび上がってきたことは確かです。

だからこそ私たちは、社会科を学ぶ必要があります。各自が物理的なボーダーの内側で、地理や歴史や公民の知識＝**教養**をつけて、精神的なボーダーを超えようとするのです。特に歴史は、その中でも代表的な科目です。だって、昨日までのことは、語学だろうが数学だろうが音楽だろうが食べ物だろうが、すべて歴史なのですから。

まずは国内に住む我々が、日本史をきちんと学んでいく。ごく自然なことです。その知識を、現代の政治・経済と絡めて理解する。その上で、自身や地域のことを伝える時、相手を傷つけないように、世界史や倫理（哲学・宗教）も学ぶ。そして、日本や世界の地理を知ると、すべてが繋がり、出かけたくなる。こんなに楽しいことはありませんよね！

最後に。企画の発案者で執筆を支えてくれた鈴木隆さんと、完成まで伴走してもらった佐口俊次郎さんに感謝と敬意を。また、本書に関わる全ての関係者を含め、貴重な時間とお金を遣いお読みいただいた皆さま、本当にありがとうございました。

伊藤賀一

順序よく覚える価値のある 歴代内閣

内閣総理大臣（98代）
色字は政党内閣

伊藤博文①（長州）

黒田清隆（薩摩）

山県有朋①（長州）

松方正義①（薩摩）

伊藤博文②（長州）

松方正義②（薩摩）

伊藤博文③（長州）

大隈重信①（肥前・憲政党）

山県有朋②（長州・陸軍）

伊藤博文④（長州・立憲政友会）

桂太郎①（長州・陸軍）

西園寺公望①（公家・立憲政友会）

桂太郎②（長州・陸軍）

西園寺公望②（公家・立憲政友会）

桂太郎③（長州・陸軍）

1912〜13年　第一次護憲運動

山本権兵衛①（薩摩・海軍）

大隈重信②（肥前・元首相）

寺内正毅（長州・陸軍）

1918年　米騒動

原敬（立憲政友会）

高橋是清（立憲政友会）

加藤友三郎（海軍）

1923年　関東大震災

山本権兵衛②（海軍）

清浦奎吾（枢密院）

1924年　第二次護憲運動

加藤高明（護憲三派のち憲政会）

若槻礼次郎①（憲政会）

1927年　金融恐慌

田中義一（立憲政友会）

浜口雄幸（立憲民政党）

若槻礼次郎②（立憲民政党）

1931年　柳条湖事件

犬養毅（立憲政友会）

1932年　五・一五事件

斎藤実（海軍）

岡田啓介（海軍）

1936年　二・二六事件

広田弘毅（官僚）

林銑十郎（陸軍）

近衛文麿①（貴族院）

平沼騏一郎（枢密院）

1939年　独ソ不可侵条約

阿部信行（陸軍）

米内光政（海軍）

近衛文麿②③（貴族院）

東条英機（陸軍）

1944年　サイパン島陥落

小磯国昭（陸軍）

鈴木貫太郎（海軍）

1945年　ポツダム宣言受諾

東久邇宮稔彦（皇族）

幣原喜重郎（官僚）

1946年　戦後初の総選挙

吉田茂①（日本自由党）

片山哲（日本社会党）

芦田均（民主党）

1948年　昭和電工事件

吉田茂②③（民主自由党）

吉田茂④⑤（自由党）

1954年　造船疑獄事件

鳩山一郎①②（日本民主党）

1955年　保守合同

鳩山一郎③（自由民主党）

石橋湛山（自由民主党）

岸信介①②（自由民主党）

1960年　安保闘争

池田勇人①②③（自由民主党）

佐藤栄作①②③（自由民主党）

田中角栄①②（自由民主党）

三木武夫（自由民主党）

福田赳夫（自由民主党）

大平正芳①②（自由民主党）

鈴木善幸（自由民主党）

中曽根康弘①②③（自由民主党）

竹下登（自由民主党）

宇野宗佑（自由民主党）

海部俊樹①②（自由民主党）

宮沢喜一（自由民主党）

細川護熙（日本新党）

羽田孜（新生党）

村山富市（日本社会党）

橋本龍太郎①②（自由民主党）

小渕恵三（自由民主党）

森喜朗①②（自由民主党）

小泉純一郎①②③（自由民主党）

安倍晋三①（自由民主党）

福田康夫（自由民主党）

麻生太郎（自由民主党）

鳩山由紀夫（民主党）

菅直人（民主党）

野田佳彦（民主党）

安倍晋三②③④（自由民主党）

覚える価値のある 年代222

1587年	惣無事令、九州平定、バテレン追放令
1588年	刀狩令、海賊取締令
1590年	豊臣秀吉による天下統一
1592年〜	**文禄の役〔壬辰倭乱〕(〜93年)**
1597年	**慶長の役〔丁酉倭乱〕(〜98年)**
1600年	関ヶ原の戦い、**オランダ船リーフデ号臼杵に漂着**

8　江戸時代(40)

1603年	**徳川家康征夷大将軍に就任、江戸幕府成立**
1612年	幕領に禁教令(翌年全国に拡大)
1613年	慶長遣欧使節(〜20年)
1614年	大坂冬の陣
1615年	大坂夏の陣、一国一城令、武家諸法度元和令
1635年	武家諸法度寛永令・参勤交代制度化
1637年	**島原の乱〔島原・天草一揆〕(〜38年)**
1639年	**ポルトガル船来航禁止**
1641年	オランダ商館を長崎の出島に移す
1651年	慶安の変〔由井正雪の乱〕
1657年	明暦の大火〔振袖火事〕
1669年	シャクシャインの戦い

1695年	元禄金銀の鋳造
1709年〜	**正徳の政治(〜16年)**
1716年〜	**享保の改革(〜45年)**
1732年	享保の飢饉
1772年	**田沼意次老中就任**
1782年	天明の飢饉
1787年〜	**寛政の改革(〜93年)**
1792年	ラクスマン根室に来航
1804年	レザノフ長崎に来航
1806年	文化の撫恤令〔薪水給与令〕(〜07年)
1808年	フェートン号事件
1811年〜	ゴローウニン事件(〜13年)
1825年	**異国船打払令〔無二念打払令〕**
1833年	天保の飢饉(〜39年)
1837年	大塩平八郎の乱・モリソン号事件
1839年	蛮社の獄
1840年〜	アヘン戦争(〜42年)
1841年〜	**天保の改革(〜43年)**
1853年	ペリー浦賀に来航、プチャーチン長崎に来航
1854年	日米和親条約、**日露和親条約**
1858年	日米修好通商条約、**安政の大獄(〜59年)**
1860年	**桜田門外の変**
1862年	坂下門外の変、文久の改革

10　大正時代(12)

1912年	第一次護憲運動(～13年)
1913年	軍部大臣現役武官制改正
1914年	シーメンス事件、第一次世界大戦(～18年)
1915年	対華二十一カ条の要求
1917年	西原借款(～18年)、金輸出禁止、ロシア革命
1918年	シベリア出兵、米騒動、原敬内閣成立→初の本格的政党内閣
1919年	パリ講和会議、ヴェルサイユ条約
1920年	戦後恐慌、国際連盟成立
1921年～	ワシントン会議(～22年)
1923年	関東大震災、震災恐慌
1924年	第二次護憲運動
1925年	日ソ基本条約、治安維持法、普通選挙法

11　昭和時代(40)

1927年	金融恐慌
1928年	張作霖爆殺事件〔満州某重大事件〕、(パリ)不戦条約
1929年	世界恐慌
1930年	金解禁、ロンドン海軍軍縮会議、昭和恐慌(～31年)
1931年	満州事変(～33年)
1932年	血盟団事件、五・一五事件、日満議定書で満州国承認
1933年	国際連盟脱退
1935年	天皇機関説問題・国体明徴声明
1936年	二・二六事件、軍部大臣現役武官制復活、日独防共協定
1937年	日中戦争、国民精神総動員運動(～45年)
1938年	国家総動員法、電力国家管理法
1939年	第二次世界大戦(～45年)
1940年	大政翼賛会の成立、日独伊三国軍事同盟
1941年	太平洋戦争(～45年)
1942年	ミッドウェー海戦
1944年	サイパン島陥落
1945年	ポツダム宣言を受諾して敗戦、国際連合成立
1946年	天皇の人間宣言〔神格否定詔書〕、日本国憲法制定
1947年	日本国憲法施行
1948年	経済安定九原則実行指令
1949年	ドッジ゠ライン、シャウプ勧告
1950年	朝鮮戦争(～53年)、警察予備隊設置
1951年	サンフランシスコ平和条約、日米安保条約
1952年	日米行政協定、破壊活動防止

法、保安隊設置

1953年	奄美諸島返還	1991年	バブル経済崩壊
1954年	第五福龍丸事件、防衛庁・自衛隊設置	1993年	55年体制の崩壊
1955年	神武景気により高度経済成長スタート、保守合同により55年体制スタート	1995年	阪神・淡路大震災、地下鉄サリン事件
1956年	日ソ共同宣言、国際連合加盟	2001年	中央省庁再編、アメリカ同時多発テロ
1960年	新日米安全保障条約・日米地位協定、60年安保闘争	2008年	世界金融危機
1964年	東京オリンピック	2009年	民主党が政権奪取
1965年	日韓基本条約	2011年	東日本大震災、東京電力福島第一原発事故
1968年	小笠原諸島返還	2020年	コロナショック
1970年	大阪万博、新日米安全保障条約自動延長		

マルタ会談で東西冷戦終了

1953年　奄美諸島返還

1954年　第五福龍丸事件、防衛庁・自衛
　　　　隊設置

1955年　神武景気により高度経済成長
　　　　スタート、保守合同により55年
　　　　体制スタート

1956年　日ソ共同宣言、国際連合加盟

1960年　新日米安全保障条約・日米地
　　　　位協定、60年安保闘争

1964年　東京オリンピック

1965年　日韓基本条約

1968年　小笠原諸島返還

1970年　大阪万博、新日米安全保障条
　　　　約自動延長

1971年　ドルショック

1972年　沖縄返還、日中共同声明

1973年　変動為替相場制スタート、第一
　　　　次石油ショック

1978年　日中平和友好条約

1979年　第二次石油ショック

1985年　プラザ合意

1987年　ルーブル合意、バブル景気（〜
　　　　91年）

12　平成・令和時代(9)

1989年　消費税3パーセントでスタート、

〈著者略歴〉

伊藤賀一（いとう・がいち）

1972年京都生まれ。法政大学文学部史学科卒業後、東進ハイスクール、秀英予備校を経て、現在、リクルート運営のオンライン予備校「スタディサプリ」で高校日本史・倫理・政治経済・現代社会、中学地理・歴史・公民の7科目を担当する「日本一生徒数の多い社会科講師」。43歳で一般受験し、早稲田大学教育学部生涯教育学専修に在学中。著書に『世界一おもしろい　日本史の授業』『笑う日本史』『すごい哲学』（以上、KADOKAWA）、『ニュースの"なぜ？"は日本史に学べ』（ＳＢ新書）、『「日本が世界一」のランキング事典』（宝島社新書）、『47都道府県の歴史と地理がわかる事典』（幻冬舎新書）、『学習版日本の歴史人物かるた』『はじめての47都道府県カード』（以上、幻冬舎）などがある。

参考文献：『詳説日本史 改訂版』（山川出版社）

「90秒スタディ」ですぐわかる!
日本史速習講義

2020年10月1日　第1版第1刷発行

著　者　　伊藤賀一
発行者　　清水卓智
発行所　　株式会社PHPエディターズ・グループ
　　　　　〒135-0061　江東区豊洲5-6-52
　　　　　☎03-6204-2931
　　　　　http://www.peg.co.jp/
発売元　　株式会社PHP研究所
　　　　　東京本部　〒135-8137　江東区豊洲5-6-52
　　　　　普及部　☎03-3520-9630
　　　　　京都本部　〒601-8411　京都市南区西九条北ノ内町11
　　　　　PHP INTERFACE　https://www.php.co.jp/
印刷所・製本所　図書印刷株式会社